Hay victorias que parecen derrotas... pero siguen siendo victorias

Con Mucho Cariño
para: Iris
"Espero que este libro sea
de Bendición a Tu
Vida"
    Myriam Fonseca

Hay victorias que parecen derrotas... pero siguen siendo victorias

Myriam Fonseca

Número de Control de la Biblioteca del Congreso de EE. UU.: 2011961750
ISBN: Tapa Dura   978-1-4633-1413-2
                   Tapa Blanda   978-1-4633-1412-5
                   Libro Electrónico   978-1-4633-1411-8

Este Libro fue impreso en los Estados Unidos de América.

Para pedidos de copias adicionales de este libro, por favor contacte con:
Palibrio
1663 Liberty Drive, Suite 200
Bloomington, IN 47403
Llamadas desde los EE.UU. 877.407.5847
Llamadas internacionales +1.812.671.9757
Fax: +1.812.355.1576
ventas@palibrio.com
368422

Indice

Dedicatoria

Dedico y ofresco este libro al Padre al Hijo y al Espíritu Santo, que definitivamente sin su ayuda e inspiración, no pudiera estarlo leyendo ahora. A los tres les doy las gracias. Por haberme sostenido en momentos cuando ya no tenía fuerzas para hacerlo. Toda la gloria y el honor sean para ellos. Luego se lo dedico a mis tres hijas; Adamir, Lilliam y Denisse Raquel, les doy las gracias por siempre estar conmigo y por haber atravesado el valle de sombra y muerte. Gracias por su amor y su apoyo en momentos difíciles en nuestras vidas. Ustedes son las hijas que toda madre quisiera tener y estoy agradecida de Dios por ser la madre más afortunada en tenerlas. ¡Las amo! También se lo dedico a mis yernos Nelson Caballero y Jahaziel Laboy por ser los mejores yernos del mundo. Gracias por ser hombres de Dios y esposos honorables, gracias por su amor. Gracias porque siempre puedo contar con ustedes y siempre han estado ahí, cuando más les he necesitado. Dios les bendiga siempre. Les amo. Y por último lo dedico a mis siete nietos, quienes han hecho de mí la abuela más privilegiada. Ellos son Adam Manuel, Leslie Adamir, Nelliam, Jahred Jahaziel, Jahlyn Janelle, Linell Grace y Jahda Jolie. A ellos les dedico mi amor y mis bendiciones. Y cada día declaro palabra de profecía a sus vidas. Serán en el mañana hombres y mujeres de Dios. Que transformarán al mundo con el poder de Dios. Y le pido al Señor poder vivir lo suficiente para ver cumplida esa palabra profética. Aunque ahora están en las edades de 18, 17, 11, 8, 4, 3, 2 años. Se que cuando crezcan serán unos hombres y mujeres de Dios.

AGRADECIMIENTO

Agradezco enormemente a mí sobrino José Cortés, por su ayuda con este libro. Ha sido una ayuda muy valiosa e importante para la realización de este proyecto. Ruego a Dios que él te bendiga y recompense toda la ayuda incondicional en la realización de este libro. Tambien va mi agradecimiento a mi hija Denisse Raquel y a mi yerno Jahaziel Laboy, por su ayuda con el manuscrito.

Algo acerca del titulo
de este libro

Muchas veces las victorias no son cómo las hemos pensado. Si pudiéramos preguntarle a Pedro, si la muerte en cruz de su amigo, fue una victoria, de seguro hubiera respondido que no. Después de haberle negado y con toda aquella amargura que había en su corazón, no encontraría victoria por ninguna parte. Examinemos esto, Jesús estaba sufriendo la muerte más vergonzosa de aquellos tiempos. Sus discípulos corrieron despavoridos, temiendo por sus propias vidas. Aparentemente todo había terminado. Sus esperanzas estaban rotas, ya no había nada que hacer. Habían sufrido la peor derrota de sus vidas. Unos se escondieron temiendo lo peor. Unos volvieron a la pesca, otros se fueron camino a Emaús. Judas fue y se ahorcó. Otros se escondieron a llorar su derrota. Mientras estos se lamentaban y lloraban la muerte de su amado, en el infierno satanás y sus demonios, celebraban aquella derrota o lo que ellos consideraban su "Victoria". Celebraban la muerte de aquel que había venido a traer vida. Para ellos la muerte de Jesús en la cruz era su victoria. Pero que equivocados estaban. Su celebración no les duraría por mucho tiempo. Aquella fiesta sólo duraría setenta y dos horas. Porque al tercer día aquella aparente derrota, se tornaría en una extraordinaria Victoria.

Me imagino la cara de satanás, cuando de pronto Jesús se paró ante él demostrando todo su poder que había vencido a la muerte. Borrando de raíz aquella sonrisa en su cara, y diciéndole de una vez y para siempre que de un ganador se había convertido en un perdedor. Sus discípulos al verlo vivo se dieron cuenta que no estaban derrotados, que ellos junto con Jesús habían alcanzado la victoria. No les fue fácil a los discipulos creer esta noticia, Maria Magdalena, les comunico que habia visto a Jesus, pero ellos estando tan tristes no le creyeron. Luego Jesus se les aparece a dos de sus discipulos que iban camino a Emaus.

La conversacion que jesus sostuvo con aquellos hombres, hizo que sus corazones, ardieran con el poder que emanaba de el, pero ni aun asi pudieron sospechar qutaban hablando con su maestro. Ellos lo invitaron a que comiera con ellos y cuando Jesus, tomo el pan y lo partio, los ojos de ellos fueron abiertos y lo reconocieron, mas el desaparecio de su vista. San Lucas 24:13-31 Luego de esto se les aparece a once de ellos estando ellos sentados a la mesa, y ahi Jesus les mostro sus manos y sus pies, diciendoles, Soy yo y les reprocho su incredulidad. Entonces ellos creyeron y se llenaron de gozo. Esto nos demuestra que una aparente derrota puede transformarse en una gloriosa Victoria.

Es ahora cuando ustedes entenderán el titulo de este libro *"Hay victorias que parecen derrotas, pero siguen siendo victorias"*, Porque yo lo viví, es que se los digo. Al principio no podía ver mi victoria, creía que todo estaba perdido. Pero luego Dios me hizo entender, cuan equivocada estaba. Me hizo entender que también en la muerte hay victoria. ¿Donde esta, o muerte, tu aguijón? ¿Dónde, oh sepulcro, tu victoria?. La verdadera victoria comienza con la vida eterna. La vida eterna que Cristo compró para ti y para mí. A medida que vayas leyendo el libro, te daras cuenta como Dios transformo mi aparente derrota en una gloriosa Victoria.

In memoriam

En memoria del Rev. José Collazo quien partió con el Señor en diciembre 26 del 2006. Quien junto a su amada esposa Olga Cruz-Collazo fueron mis pastores por ocho años. Pastor quien fue muy amado por su congregación y por su familia y quien fue muy especial para mi familia y para mí. ¡Nunca lo olvidaremos!

Descansa en la paz del Señor.

A la memoria de mi querida hermana y cuñado, Carmen Zoila Alvarez de Ortiz y Ángel M. Ortiz Miranda. Quienes fueron dos seres de gran importancia en mi vida. Mi hermana Zoila fue como una segunda madre para mi y su amor fue siempre incondicional. Y mi cuñado Ángel siempre tenía, la palabra de fortaleza en mis momentos de amargura. Estoy segura que el cielo se enriqueció con la llegada de Ángel y Zoila. Y por ultimo a la memoria de mi amado esposo Adam Nater Salgado, quien lucho con todas sus fuerzas para llegar al cielo.

¡Hasta que nos volvamos a ver!

INTRODUCCIÓN

"¡Aún llenará tu boca de risa y tus labios de júbilo!"

Job. 8:21

Algunas personas me dieron la idea de escribir un libro. Por muchos años consideré la idea. Pero nunca me animaba a hacerlo. Mi hija Lilliam me insistía me decía que otras personas deberían conocer mí historia. La última vez que me lo dijo, vino con un paquete de libretas que ella había comprado. Para que yo comenzará a escribir. Así que ante aquel despliegue de entusiasmo le prometí que lo haría.

Y así lo hice comencé a poner en el papel, todos los acontecimientos que habían pasado por mi vida. Al principio no fue nada fácil, revivir en mí mente todo lo vivido. Había veces que tenía que dejar aún lado todo, solo para echarme a llorar. Tener que volver a poner el dedo en viejas heridas y retroceder en el pasado. Era cómo subirme en una maquina del tiempo y vivir nuevamente todos esos momentos desagradables. Pero para poderles contar a ustedes todos esos sucesos tenía que hacerlo. Tal vez en algunos momentos, tendrás que hacer lo mismo que yo, detenerte en la lectura y llorar. Quizá porque en estos momentos, te encuentras viviendo lo mismo que yo y así te identificas conmigo. Cualquiera que sea tu situación quiero que sepas que Dios esta a tu lado y que si confías en Él y le crees él volverá a llenar tu boca de risa y tus labios gritaran de júbilo, como lo ha hecho conmigo. No importa cuanto estes sufriendo, el estara ahi contigo, si tan solo confias en el.

Continuamente las fuerzas del mal nos acechan, nos quieren destruir y quieren que reneguemos de nuestra fe en Jesucristo. Pero Dios nos ha dado las armas para pelear contra el enemigo. Así que levántate, toma tus armas nuevamente y entra en el campo de batalla. Allí y nada más que allí, te espera la victoria. Habra momentos en que la batalla se tornara mas violenta, pero no te atemorices Dios es tu Comandante en jefe y el peleara de tu lado, y nada ni nadie te podra vencer, porque el nunca ha perdido una batalla, asi que no temas, animate, toma las armas de Guerra y vuelve al campo de batalla a enfrentar al enemigo, apoyate en lo que dice la palabra en Santiago 4:7 "Someteos, pues, a Dios; resisted al diablo, y huira de vosotros.

CAPITULO 1

El llamado

"Por cuanto llamé, y no quisisteis oír, extendí mi mano, y no hubo quien atendiese"

Proverbios 1:24

La isla de Puerto Rico fue descubierta por el almirante genovés Cristóbal Colón el 19 de noviembre del 1493, durante su segundo viaje a las Antillas, y la bautizó con el nombre de San Juan Bautista. Por su posición estratégica, la isla fue blanco de innumerables ataques. Esto obligó iniciar en 1531 la construcción de las enormes murallas que rodean la ciudad de San Juan, y se convirtieron en protección efectiva contra invasores ingleses, holandeses y franceses. En 1809 Puerto Rico fue reconocido cómo Provincia de España con representación en las cortes de Cádiz. Tuvo su primera constitución y desarrolló el libre comerció, manifestando identidad propia en muchos aspectos de su cultura la música, el arte y las letras. El año de 1898 trajo grandes cambios al estallar la guerra Hispanoaméricana y transferirse la isla de España a los Estados Unidos, como resultado del tratado de París. El siglo 20, se inicia con una nueva relación política y nuevo orden social bajo el régimen militar de los Estados Unidos. Unos años más tarde en 1917 se le concedió la ciudadanía estadounidense a los puertorriqueños. Para mediados del siglo, tuvieron lugar varios cambios fundamentales al lograrse la designación por el gobierno estadounidense de Don Jesús

T. Piñero, como el primer gobernador puertorriqueño. Esto sucedió en el año 1946. También la elección en 1948 del primer gobernador puertorriqueño por el voto del pueblo distinción que recayó en Don Luis Muñoz Marín. En 1952 el país adopto su propia Constitución con la aprobación del Congreso de los Estados Unidos, bajo la fórmula política del "Estado Libre asociado", un documento redactado por una Asamblea Constituyente y ratificada mediante el voto mayoritario. La constitución del Estado Libre Asociado de Puerto Rico, esta basado en un sistema Presidencial similar al del gobierno Federal, y cuenta con tres ramas de gobierno, ejecutivo, legislativo y judicial. En ese mismo año el 21 de abril del 1952, nací en esa misma bella Isla a la que todos llaman Puerto Rico "La Isla del Encanto" Soy la penúltima hija nacida del matrimonio de Don Domingo Fonseca y Doña Profesina Rivera. Tuve dos privilegios al nacer, que son los siguiente haber nacido en un hogar cristiano y haber nacido en Puerto Rico.

Myriam cuando tenia 2 años de edad 1954

Mi madre Doña Profesina Rivera

Mi padre Don Domingo Fonseca

Mis padres se convirtieron al Señor en el año 1938. Un domingo mis padres visitaron la iglesia. Ese día mí papá había bebido demasiado, este era uno de sus muchos problemas, además de los problemas matrimoniales ocasionados por la bebida. Cuando el pastor hizo el llamado al altar, mí papá comenzó a caminar hacía el altar tambaleándose por los efectos del alcohol. La presencia de Dios se hizo tan real en aquel momento que cuando el pastor puso sus manos sobre él, inmediatamente quedo libre de la influencia del licor. Aceptó a Cristo como su salvador y caminó a su asiento completamente sobrio por el poder de Dios. Mí mamá también aceptó al Señor como su Salvador aquella misma noche.

Entonces aquel hogar en que antes reinaba el diablo y en donde solo habían peleas y sufrimientos, que antes servían a satanás en el espiritismo, fue inundado con la paz que solo Dios puede dar. Catorce años después de ese glorioso evento yo vine al mundo en ese mismo hogar que Cristo había transformando. Muchas veces mí madre me contaba este evento, recuerdo que me decía. ¡Antes de conocer a Dios tu papá era terrible! Tomaba demasiado y peleaba mucho. Todos los miércoles en la noche visitábamos a un espiritista y consultábamos a los demonios. Luego regresábamos a la casa para seguir las peleas. Luego cuando nos acostábamos, los demonios que traíamos con nosotros comenzaban a manifestarse en la casa. Las mecedoras se movían solas, como si alguien estuviera meciéndose en ellas. Tal era el poder satánico en esa casa, antes de conocer a Cristo. Le doy gracias a Dios por llegar a tiempo a la vida de mis padres.

Mí niñez fue muy normal y feliz. La ciudad donde nací y crecí se llama Bayamón y se conoce como *"La ciudad del futuro"*. Bayamón se distingue por su gran desarrollo industrial, cultural y comercial. Se encuentra a unos quince minutos de la ciudad capital San Juan. Crecí amando al Dios de mis padres, pero todavía era muy pequeña, para conocer cuan afortunada era al haber nacido en ese hogar. Siendo aún muy pequeña, escuchaba a mi padre predicar en la iglesia y siempre prestaba mucha atención a todo lo que él decía. Luego visitaba de vez en cuando a algunos de nuestros vecinos y les hablaba del Señor. Muchas veces me desaparecía de mí casa y me iba a visitar a una vecina. Allí le hablaba del Señor y le cantaba algunos himnos. Yo notaba que ella le gustaba mi plática y mis canciones. Siempre les decía que había que ir a la iglesia y entregarle el corazón a Jesús, lo cual muchas personas hicieron. Algunas personas le decían a mí mamá todo lo que yo hacía con los vecinos y le decían que para mi corta edad tenía mucha madurez. Escuchando a mí papá adquirí conocimiento de la Biblia. Mí papá fue para mí la persona con más influencia en mí vida. Desde muy pequeña aprendí a respetarlo y a verlo cómo lo que era un maravilloso hombre de Dios. Siempre que lo invitaban a predicar a alguna iglesia me iba con él y yo cantaba y después él predicaba. Él fue un ejemplo para mí. Sembró una semilla que al transcurrir los años daría su fruto.

Seguí creciendo aprendiendo de la Biblia y adquiriendo conocimiento. En la iglesia me desempeñaba cantando y disfrutando cómo todos los niños de la congregación. Siendo aún muy pequeña un suceso extraordinario ocurrió en mí vida. Esa noche estaba en la iglesia y teníamos la visita de un joven estadounidense, un joven profeta de Dios. Cuando terminó de predicar se sentó a mí lado en el primer asiento. Me miró y rápidamente se puso de pié y pregunto. ¿Quiénes son los padres de esta niña? Allí en la congregación le dijeron quienes eran mis padres. Él dijo estas palabras. Cuiden bien a esta niña, que el Señor la ha escogido para hacer una obra. Era yo muy pequeña para poder entender la magnitud de aquellas palabras y muy pronto en mí mundo de juegos y diversiones las olvide.

Hasta llegar a mis quince años de edad mí vida transcurrió más o menos así. Iba a la iglesia compartía con los jóvenes de mí edad cantaba, enseñaba en la escuela dominical olvidando por completo que Dios tenía propósitos conmigo. Para ese entonces el pastor de la iglesia lo era mi propio hermano Tony Fonseca, al cual Dios lo había llamado a muy temprana edad. Dios lo llamó a estudiar la palabra en el Instituto Bíblico Asambleas de Dios y ahora él era mi pastor. Cuando tenia quince años de edad Dios reitera su llamado el cual me había hecho cuando era una niña.

Myriam a los 17 años cuando se graduó de la escuela superior Dr. Agustín Stahl en Bayamón.

En esa ocasión iba en un automóvil con mis padres y mi hermano más pequeño, David. También iban dos personas que estaban de visita en la iglesia, las cuales eran evangelistas. Dios tomó a uno de aquellos dos hombres y dijo estas palabras. *"En este automóvil va una persona que Dios tiene un ministerio para ella"*. Yo me quedé callada nadie habló ni una palabra. Pasaron unos minutos que se volvieron eternos. Finalmente el hombre señalándome con su dedo dijo: *"¡Niña eres tú!, Dios tiene propósito con tu vida"*. Esa fue la primera vez que tuve la tremenda sensación de que Dios hablaba en serio. Pensaba que con lo que estaba haciendo en la iglesia hasta ahora era suficiente. Pero no era así. Dios quería más, muchísimo mas. Dios estaba pidiéndome que me rindiera totalmente a Él. Que fuera más consistente en mí búsqueda de Él. Que le dejara a Él obrar en mí vida el quería usar mi vida en una forma mayor, quería llevarme a otros niveles pero yo no le daba la oportunidad y muy pronto olvidé aquella conversación en aquel automóvil y volví a la rutina de mi vida. Dejando a Dios en un rincón esperando por mí. *"He aquí yo estoy a la puerta y llamo; si alguno oye mi, voz y abre la puerta entraré a él y cenaré con él y él conmigo"*. Apoc. 3:20. Yo simplemente cancelé mi cena con Él le dije que quizás en otra ocasión estaría disponible para cenar con Él.

Así siguieron pasando los años y a los 17 años conocí a un joven en Bayamón que se llamaba, Adam Nater Salgado. El dueño de una mueblería, en el pueblo, era el pastor de el. En esa misma mueblería trabajaba mi amiga Ana Ma. Rivera. Ella me dijo que me queria presentar por telefono a un joven que habia llegado al lugar y que ella conocia bien. Yo le dije que no queria hacer eso pero ella insistio. De pronto me encontre hablando con un perfecto desconocido. Me conto su testimonio, me dijo que el habia sido adicto a las drogas y habia llevado por muchos anos una vida en el pecado. Al escucharlo hablar pense lo bueno que seria invitarlo a mi iglesia. Le dije que mi pastor era mi propio hermano Tony Fonseca. Dos semanas despues Adam aparecio en la iglesia y mi hermano le concedio una parte para que nos saludara. Nos conto a todos su testimonio. Uno de los sucesos importantes que nos conto fue como habia vivido en Chicago por muchos anos atado por el Diablo. Alli vivia con una mujer que tambien era adicta a las drogas y que tambien se prostituia para su propio vicio. Al pasar varios años él le sugirió a ella, que dejaran esa vida que los estaba destruyendo, ellos ya llevaban muchos años en el vicio de las drogas y esto estaba desgastandolo tanto fisica como espiritualmente, sin contar con los riezgos a los que se exponian, como el morir de una sobredosis o por una enfermedad. Asi que el le sujirio, que abandonaran el vicio y que se pusieraran a trabajar. Ella no quiso salir de esa vida y entonces él decide abandonarla e irse a vivir sólo a otro lugar. Al cabo de un tiempo aquella mujer es asesinada a puñaladas y la policía lo buscaba a él como primer sospechoso, cuando él se entero que la policía lo andaba buscando, el se presento al cuartel y se identifico cómo Adam Nater y rindió su testimonio, quedando así comprobado su inocencia en el caso, le dejaron ir. Sin antes recibir un elogio de la policía por su valentía al ir a rendir su testimonio. Tiempo después, Adam se fue para Puerto Rico y meses después Jesucristo entro a su vida y lo salvo, transformandolo en un hombre completamente Nuevo.

Esa noche al finalizar el culto me presente ante Adam y me identifique como la joven que lo habia invitado a la iglesia. Si alguien quiere saber si existe el amor a primera vista preguntenme a mi. Desde que nuestros ojos se encontraron, supimos que ibamos a estar juntos para siempre. Dios habia sido maravilloso con Adam, pues lo habia rescatado del horrible vicio de las drogas, y ahora predicaba su palabra. El tenia 27 anos de edad, y en lugar de alejarme la diferencia de edad, hicieron que me acercara mas a el. Asi continuamos viendonos de vez en cuando en la iglesia y en algunas actividades de mi concilio. Me podia dar cuenta que algo muy profundo habia nacido en nuestros corazones.

Casi todos los dias me llamaba por telefono y pasabamos horas enteras hablando. Me imagino que todos los que han estado enamorados alguna vez saben de lo que estoy hablando. Verdad? Para ese entonces estaba estudiando en la universidad. Cuando un dia, el llegó a la universidad de sorpresa. Me entregó una carta declarándome su amor. Nos hicimos novios ese viernes y me dijo que él quería ir el domingo a hablar con mis padres. Le dije que era muy pronto para hablar con mis padres, pero el insistio. Asi que el domingo después de asistir a la iglesia como a las 2:30 p.m. Él llega a mi casa para hablar con mis padres. De más esta decirles que yo temblaba de miedo porque no sabia cómo mis padres iban a tomar aquello, porque tan sólo tenia unos 17 años y Adam tenia 27 años, habia una diferencia de unos 10 años.

Cuando habló y le dijo a mis padres sus intenciones mi papá se le quedo mirando, muy serio y le dice: *"Pero hermano Adam ¿Que esta usted diciéndome? Si Myriam sólo tiene 17 años de edad, ella todavía es una niña.* Yo era su única hija mujer entre tantos hijos varones. Mi padre, siempre habia querido tener una niñita y cuando yo naci su Corazon se lleno de felicidad, porque Dios le habia regalado lo que tanto habia ahnelado. Mi papa tenia muchos motivos para agradecer a Dios tantas bendiciones, pero ahora habia tenido una razon mas, por la que estaria agradecido siempre a Dios, porque la pequeña niñita habia llegado a su hogar. Para mi papa, yo seguía siendo, su niña pequenita. Asi que mi papa al oir las palabras de Adam, reacciono de esa manera. Yo personalmente estaba escuchándolos detras de la puerta. Pero eso no desanimó a Adam sino que por el contrario, siguió con más vehemencia hablándole a mi padre de sus intenciones. Por un momento pensé que mi padre le iba a negar la entrada a mi casa, como mi novio. Pero Adam convenció a mi padre que le diera la oportunidad de visitarme en mi hogar. Desde aquel día todos los domingos y miércoles, teníamos la dicha de vernos. Pero eso no era suficiente para Adam y de vez en cuando me sorprendía en la universidad y en el trabajo. Pasamos momentos muy felices con vernos y conversar. Nuestro noviazgo fue uno bien bonito y romántico. Él era muy detallista y siempre, me sorprendía con flores, chocolates etc. Mis padres llegaron amarlo mucho y fueron muchos los momentos que compartimos en familia.

Continuamos nuestro noviazgo y a los dos años nos casamos, recibiendo la bendición nupcial de mi propio hermano Tony Fonseca.

Fue un sueño hecho realidad pues habíamos constituido un hogar cristiano. Esto sucedió el 15 de abril del 1972. Para esa epoca yo tenia diecinueve años de edad y no le podia decir a nadie, lo que significaba "nacer de Nuevo" en otras palabras haber tenido un encuentro personal con Jesucristo. Aunque era feliz con mi matrimonio, mi vida spiritual estaba vacia. Iba a la iglesia como quien va al mercado, no había en mi la menor inquietud de por conocer de cerca a Dios y mucho menos de saber de los propositos que el tenia conmigo, sencillamente, no estaba interesada. Me sentia bien con mi vida matrimonial y pensaba que ir a la iglesia y participar en las actividades, eran suficientes para tener contento a Dios. No me daba cuenta que estaba huyendo de el, que con mi actitud, le estaba diciendo a Dios, "Yo no te necesito, estoy bien asi, no me persigas mas, no estoy disponible para ningun ministerio." No me daba cuenta que con esa actitud me alejaba mas y mas de el, y que algun dia me arrepentiria de haber tomado esa decision. Tampoco me daba cuenta que por mas que huyera de el, algun dia tendria que enfrentarme a el, y que el alto precio a pagar por mi desatino, me costaria muchas lagrimas.

Adam a los 17 años ¡miren esos ojos azules que bellos eran!

*El día de mi boda con Adam, con mis tres sobrinos Wanda, Heber
y Lizzie Fonseca El 15 de abril 1972.*

CAPITULO 2

La confesión

"Si hablo, mi dolor no cesa, y si dejo de hablar, no se aparta de mi"
Job 16:6

Para el 1973 ya cargaba entre mis brazos a nuestra primera hija. Decidimos ponerle un nombre que nadie tuviera. Unimos las primeras tres letras de nuestros respectivos nombres y nos salió el nombre de Adamir, nos sonó muy bien y entre risas nos dijimos que habíamos creado algo único.

Cuando esa bebe tenia sólo 8 días de nacida, durante el día sentía la necesidad de visitar la iglesia de mí hermano, que para esos días tenia un predicador invitado. Mi esposo tenia sus dudas en cuanto a asistir pues hacia sólo unos días que había dado a luz, pero le convencí. Llegamos y nos sentamos con nuestra bebé en el asiento de atrás. Cuando aquél predicador tomó su parte, comenzó diciendo así: *Voy a llamar a tres damas al altar en esta noche, Dios tiene un mensaje para cada una de ellas".*

Inmediatamente supe en mi corazón que yo era una de ellas. Llamó la primera esta pasó al frente y él le dio el mensaje, para ella en aquella noche. En el asiento yo estaba inquieta, nerviosa. Llamó a la segunda y ocurrió todo de la misma manera. Pero sucedió que después de llamar la segunda, siguió predicando y no volvió a llamar a nadie. Respiré con alivio pues pensé y me dije a mi misma. *¡De la que me libre!*. Parece que a este hombre se le olvidó, que yo soy la número tres. ¡Ojala! Que no se recuerde. Pero cuán equivocada estaba y para mi sorpresa, cuando en el instante preciso en que me estoy pasando la mano por el cabello él dijo estas palabras; *"Hermana, usted la que se está tocando el cabello, pase al altar"*. Aquél hombre se me quedó mirando y me dijo: *"¿Que es lo que te pasa a ti?. Yo te uní a ti y a tu esposo para una obra. Él busca de mi, pero tú no. Yo te he llamado otras veces, pero tú no haz hecho caso. Tu crees que yo te uní con él, porque a mi me dio la gana. Es porque tengo propósitos contigo"*. Sus palabras fueron tan impactantes en mi vida, que comencé a llorar. Sentí, temor de aquellas palabras. Yo sabía que en esta ocasión, también Dios hablaba en serio.

Esa noche fue la última vez que Dios personalmente hablo a mi vida. En Gen. 6:3, Dios dice: *!No contenderá mi espíritu con el hombre para siempre . . . "*. Todos esos años desde mi niñez Él había estado enviándome señales, había usado a sus siervos de muchas maneras. Nunca le tomé en cuenta siempre pospuse mi cena con Él. Tenia una vida plena llena de felicidad y con mi actitud de indiferencia le estaba diciendo a Dios, yo no te necesito. No necesito complicarme la vida con ningún tipo de ministerio. *¡Quédate tranquilo!*. Tu allá en tu trono y yo acá en la tierra.

Pero sabes algo querido lector aun hoy mismo cuando escribo éstas líneas me detengo para reflexionar y me digo a mi misma, Myriam cuan equivocada estabas. Que lejos estaba yo de Dios me creía que porque, participaba, mucho en la iglesia, que porque cantaba o enseñaba en la escuela dominical era suficiente. Cuan lejos estaba de conocer al verdadero Dios. Al Dios que con tanto amor me llamaba. Que quería establecer, una relación personal e intima conmigo. Que lo único que quería era bendecirme y llevarme las alturas con Él.

El Salmo 139:7-8 el rey David dijo: *"¿A donde me iré de tu Espíritu? ¿Y a donde huiré, de tu presencia?. Si subiere a los cielos, allí estás tú, y si en el Seol, hiciere mi estrado, he aquí, allí tú estas"*. Por más que yo quisiera esconderme de Dios, Él siempre me encontraría. Muchas veces hacemos como Jonás que en su afán de huir del plan de Dios, arriesga aún su propia vida, Jonás 1:15. Hacemos cómo Esaú que le restó importancia a su primogenitura, y la vendió a su hermano Jacob, Gen. 25:32.

No deberíamos nunca de olvidar que Dios tiene un plan para cada uno de nosotros. Que antes de que viniéramos a este mundo, ya Dios tenía su plan. Tu vida no es tuya, tu vida le pertenece a Dios. Él buscará la manera de que tu te, sometas a ese plan, no te olvides que Él siempre ganará. La batalla que emprendas, contra lo que Dios ya ha establecido, es una batalla inútil. Ríndete a Él, obtendrás de Él misericordia y un sentimiento de gozo inundará tu alma. No hay gozo más grande que el de saber que estás en su perfecta voluntad. Venga lo que venga sabrás que su cobertura y presencia te acompañan. El 6 de enero del 1975, viene al mundo mi segunda hija a la cual, llamamos Lilliam, (Lilly) cómo la empezamos a llamar desde pequeña. Para ese entonces Adamir (Addy) ya tenía 2 años. Siguieron transcurriendo los años, en la misma monotonía espiritual. Ni Dios hablaba conmigo, ni yo hablaba con Él.

Mi esposo seguía buscando a Dios y seguía predicando donde quiera que le invitaban. Yo le ayudaba en todo. Me consideraba a mi misma una buena esposa, puesto que en todo lo apoyaba. Comenzó un negocio al que poco a poco Dios lo fue prosperando. Tenía una mente muy creativa y decidió poner una Librería Cristiana en nuestro pueblo de Bayamón le puso el nombre de *"Librería Evangélica Adamir"*. Con el tiempo compró algunas máquinas de imprenta para él mismo producir toda la literatura que Dios ponia en su mente. Sobre todo imprimiendo toda la literatura para evangelizar. Creó un himnario de coros que se llamó *"400 coros selectos"*, y el nuevo himnario de cánticos especiales los cuales vendía al por mayor en las diferentes librerías del país. Poseía una gracia para las ventas, que cualquier vendedor hubiera deseado. Su lema era *"Mantener al cliente contento"*. Siempre me decía: *Cuando tú le das descuento a las personas, se van del negocio, bien contentos; y un cliente contento, es un cliente que vuelve"*. Gracias a la bendición de Dios y a la gracia que tenía cómo persona nuestro negocio prosperó muchísimo. Era muy fiel con sus ofrendas y diezmos. El se convirtio en un prospero hombre de negocios y sobre todo tenia un Corazon dadivoso, ayudaba a todo aquel que lo necesitara, tanto espiritualmente como financieramente.

Una pareja feliz Adam y Myriam en el 1977

Muy pronto tuvimos nuestra primera casa y el negocio se extendió aún fuera del país a otros países de habla hispana como Colombia, Venezuela y República Dominicana y los Estados Unidos. Nuestra situación económica había sido bendecida grandemente por Dios.

Pasaron siete años y muchas responsabilidades de mi esposo con el negocio, acrecentaron enormemente. Sus frecuentes viajes al exterior y sus compromisos como suplidor; absorbieron todo su tiempo. Yo le acompañaba en la gran mayoría de sus viajes y disfrutábamos mucho juntos. Con tantos compromisos, su vida espiritual comenzó a declinar, tanto así que ya no asistía a la iglesia tan seguido cómo antes. En 1 de Pedro nos dice: *Sed sobrios y velad porque vuestro adversario el diablo, como león rugiente, anda alrededor buscando a quien devorar".* Hasta este momento él había sido siempre un hombre de oración, pero ya ni eso hacía. Eran tantos los compromisos que tenia, que se olvidó de hacer un balance en su vida, que se dedicó al negocio y se olvidó por completo de Dios.

Una noche de 1979, llegó como de costumbre a nuestro hogar. Se dirigió a mi y me dijo: Ven, siéntate tenemos que hablar. Una sensación de miedo, corrió por todo mi cuerpo. No se cómo explicarlo, pero senti que algo muy malo estaba por ser revelado. Estas fueron sus palabras. *¡Hace ya algún tiempo que estoy usando doscientos dólares de droga diaria, de cocaína. No quiero que tú te enteres por otras personas. Me encuentro en un callejón sin salida. Se que estoy haciendo mal que estoy arriesgando todo lo que tengo, a ti y a mis hijas y mis negocios. Necesito ayuda. Por favor ayúdame!*. Yo sentí que todo el techo de nuestra casa se me caía encima. Que todo mi mundo se desboronaba. Hasta ese momento creía que tenía un matrimonio estable. Amaba a mi esposo y mis hijas y todo lo que habíamos construido juntos. Para ese entonces estaba embarazada de mi tercera hija. Y esta noticia fue devastadora para mí.

Le prometí que le daría toda la ayuda que estuviera en mis manos, que nadie se tenía que enterar. Resolveríamos este problema entre él y yo. No se lo dije a nadie, ni aún a mis padres. Y desde aquella noche entre a un mundo de oscuridad y sufrimiento. Con un bebé en mis entrañas, comenzó un verdadero calvario para mí. Pensaba que con mis propias fuerzas podría ayudar a mi esposo a salir de las drogas. Para una persona que cae por segunda vez en el vicio de las drogas, después de estar limpio por 10 años, es mucho más difícil salir. De pronto me vi en una guerra en la cual yo no tenía armas para luchar. Esta era una guerra espiritual y cómo tal había que pelearla. Pero yo estaba desposeída de esa clase de armas que habla Efesios 6:10. Ahora cuándo más necesitaba de esas armas simplemente no las tenias. Tú no puedes entrar a la batalla si no estás preparado, porque vas a salir derrotado. En mi lucha por salvar a mi esposo no había arma que pudiera emplear para que me diera resultados satisfactorios. Todo mi mundo comenzo a desmoronarse, no sabia como luchar contra aquello que era mas fuerte que yo. Antes de esto yo pensaba que no necesitaba acercarme a Dios, pero ahora me daba cuenta que habia estado equivocada. Aquella noche me marco para siempre. Yo no queria escuchar lo que mi esposo me estaba diciendo, aquellas palabras que salian de la boca del hombre, que yo le habia confiado mi vida, mi Corazon y mi hogar y al que amaba con toda mi alma. La misma oscuridad de aquella noche, entro a a mi vida y se quedaria alli por mucho tiempo, haciendome desear, hasta de nunca haber nacido.

El 11 de abril del 1980 nace mi tercera hija le di por nombre Denisse Raquel, gracias a la insistencia de mi sobrino Tony Ortiz, quien me dio este nombre para ella. Denisse nacio en el fuego de aquella batalla. Muchas veces me acercaba a su cunita y la observaba dormida, y lloraba al preguntarme que destino le esperaba a esta pequeñita y a sus demas hermanas, creciendo en un hogar en el que estaban ocurriendo todas estas cosas.

A la semana de haber nacido Denisse tuve que llevarla nuevamente al hospital, porque se enfermo de gravedad. En el mismo hospital en que nacio habia un virus el cual mato a muchos recien nacidos y mi hija se contagió con el mismo. Cuando la lleve de emergencia su doctor me dijo que gracias a que la lleve a tiempo pudieron salvarle la vida. Alli me quede con ella, hasta que estuvo bien y me la pude llevar a la casa, todo esto sin el apoyo de mi esposo, ya que a el solo le importaba consumir sus drogas. De esta manera aquel hombre que antes era cuidadoso con su familia, habia cambiado por culpa de aquel terrible vicio.

Nuestro negocio la librería "Evangelica Adamir", en el mismo sitio donde Dios me hablo.

Mientras mis hijas, crecían mi esposo se hundía más y más en el vicio de las drogas. Este es un mundo lleno de mentiras, amarguras y desolación. Para una persona adicta, no importa nadie más en el mundo, solo el y su vicio. Se va transformando de un hombre hogareño, amoroso y proveedor en otro ser completamente egoísta, diferente. La familia sufre las consecuencias de esta conducta y llegamos a convertirnos en co-dependientes psicológicamente con él. Es un verdadero infierno, ver cómo cambia drásticamente esa persona que tu amas y saber que de ahora en adelante todo va a la deriva.

Hice muchas cosas para ayudar a mi esposo, pero nada daba resultado. No tenía fuerzas para luchar, la mujer por naturaleza es mucho más sensible. Pone toda su esperanza en su familia. Quiere lo mejor para su familia. Sabe de todo corazón que sus hijas necesitan un padre que se ocupe de ellas, que luche por ellas y edifiquen juntos un hogar cristiano bajo la cobertura del Espíritu Santo. Antes de suceder esto, me sentí segura de mí esposo. Había puesto todas mis esperanzas en él. Le amaba con toda mi alma. Toda mi confianza estaba puesta en él. Me había olvidado que él único que nunca falla es Dios. Que él es la única piedra inconmovible, pero cómo yo me había olvidado de él, no podía visualizar esto. Me había alejado de Él dentro de la misma iglesia. Cuantos no estarán cómo yo participando en las actividades de la iglesia, pero sin tener un encuentro con el Caballero de la cruz. El conocimiento de Dios llegó a mi persona a través de mis padres y mi hermano Tony Fonseca. No lo conocía personalmente. Todavía no me había encontrado con Él cara a cara. En el capitulo 3 de Juan la Biblia nos narra un acontecimiento muy especial. Nicodemo viene a Jesús y le dice: *"Rabi sabemos que has venido de Dios cómo maestro; porque nadie puede hacer estas señales que tú haces, si no esta Dios con él. Jesús le respondió diciendo: De cierto de cierto te digo que el que no naciere de nuevo, no puede ver el reino de Dios".* En el verso 5 dice: *"De cierto de cierto te digo, que el que no naciere de agua y del Espíritu, no puede entrar en el reino de Dios".* En otras palabras necesitamos experimentar una transformación en nuestra mente y en nuestro espíritu, para tener comunión con Él. De eso depende, nuestra vida y la eternidad. No es tan sólo nacer en la iglesia, de hecho es un privilegio nacer en un hogar cristiano. La Biblia dice: *"Instruye al niño en su camino, y aún cuando fuere viejo no se apartará de el",* Prob. 22:6. Esto es muy importante y en el momento preciso, este texto se hizo real en mi vida. Pero aún cuando nacemos en un hogar cristiano tenemos que buscar nuestro nuevo nacimiento. Ese momento especial en nuestra vida cuando sentimos que nuestros pecados son perdonados y que somos salvos y el gozo de la salvación inunda nuestra alma.

Tan enfrascada estaba en este problema en mi hogar, que no me daba tiempo de pensar en esas palabras del Señor. Trataba por todos los medios de liberar a mi esposo de ese vicio, pero lamentablemente no podía. Poco a poco al pasar los años, mis ilusiones, se hicieron pedazos, me encontraba sola peleando con un monstruo que quería destruirnos. También nuestro negocio fue decayendo y a mi esposo no le importaba nada; sólo la droga. Tomaba dinero todos los días de la cuenta bancaria para drogarse. Él sabia cuán bajo estaba cayendo y un día me pidió, que lo internara en un hogar de rehabilitación cristiano. Hicimos los preparativos y lo llevé al hogar. El director del programa me dijo que no lo visitará en varios días. Cuan triste estaba ese día cuándo tuve que dejarle allí y regresarme a mi casa, sólo Dios sabe lo doloroso que fue. Para este entonces la gran mayoría de las personas que hacían negocios con él, se habían enterado. Cuan difícil era la situación.

Mí estado anímico estaba por los suelos y comencé a sufrir los estragos del no comer y tampoco podía dormir de noche. No me daba cuenta cómo me veía físicamente, hasta un día en la calle que me encontré a una persona a la que conocía por mucho tiempo y a la cuál también hacía tiempo que no veía. Se me quedo mirando y por supuesto yo la pude reconocer, ella me dijo: *"¿Tu eres Myriam? Le contesté que si. Ella me dijo: Casi no te reconozco.* Cuando llegué a mi casa y me miré al espejo, me di cuenta, porque no me reconocía. Había bajado tanto de peso, que no me parecía a mí. Y una vez más comencé a llorar. Después de este momento trataba de evitar a las personas en la calle. No quería que me preguntaran que era lo que me pasaba o en que condición estaba mi esposo. A pesar de estas medidas, siempre tenía que ver a las personas puesto que yo me quede atendiendo el negocio, mientras él estaba en el hogar de rehabilitación. Gracias a Dios a los empleados que teníamos que muchas veces cubrían mi lugar.

Cuando le fueron permitidas las visitas fuimos mis tres hijas y yo a visitarle nos alegramos mucho al verlo más confortado y un poco más alegre. Nunca debemos olvidar que para un adicto esto también es un sufrimiento, es una agonía. Él no quería estar en esta situación, pero sus actos le habían llevado a este estado. Sabía cuanto Adam amaba a su familia y a su negocio y al ver que ahora no podía manejarlo le causaba angustia. Yo hacia lo mejor que podía. Recibía instrucciones de él para poder mantener ese negocio operando. Sólo Dios sabe cuanto me esforcé.

Al cabo de tres meses recibí una llamada de él en la cual me decía que él ya estaba rehabilitado y que lo fuera a buscar. Fui a hablar con el director el cual me dijo que era muy poco tiempo para sacarlo a la calle, pero por su insistencia él decidió dejarlo ir. Nos fuimos a nuestro hogar y en los primeros días, todo marchaba bien, volvió a manejar el negocio cómo solo él sabía hacerlo, no existía duda aquél hombre había nacido para ser un comerciante, tenia la habilidad de venderle una *"Nevera a un esquimal"*. Así que por unos meses todo marchaba bien. Comencé a tener esperanzas de nuevo y pensé que todo seguiría bien. Pero una noche todas mis esperanzas se desvanecieron. Cuando abrió la puerta y entró a mi casa venía tan drogado que yo no podía creer lo que veía. Ese día él se cayó, y yo también me volví a caer. Le reclamé que cómo era posible que me hubiera defraudado de esta manera. Él no sabia que contestarme, estaba muy enojada con él, me había defraudado otra vez. Pero esta no sería la última vez que lo hiciera, vendrian aun mas desiluciones a mi vida. Aprenderia que vivir con un adicto a las drogas seria una constante agonía. Seria como estar en un laberinto del que nunca se puede encontrar la salida. Seria como subirse a un tren, sin destino, el cual nunca se detiene o como caer en un pozo sin fondo. Asi seria mi vida de ahora en adelante.

CAPITULO 3

El encuentro

"Entonces mi alma se alegrará en Jehová, se regocijará en su salvación"

Salmo 35:9

Mis tres hijas fueron creciendo viendo la conducta de su padre, me hacían preguntas y yo trataba de encubrirles muchas cosas, al fin y al cabo ellas amaban a su padre. No podía destruir la imagen que ellas tenían de él. Trataba de que sus vidas transcurrieran lo más normalmente posible. Las sacabamos pasear de noche, nos íbamos para el viejo San Juan, a caminar por sus iluminadas calles, llenas de turistas de diferentes partes del mundo. Comprábamos helados y por un momento se podían olvidar de la angustia que estaban viviendo en su hogar. A veces escuchaba sus risas y las veía jugar, me reía con ellas, tratando de disimular y esconder el torbellino que encerraba en mi interior. Le doy gracias a Dios que al nacer me dió un carácter alegre. Me sirvió de mucho en ese entonces. De pequeña era la que siempre estaba riendo a carcajadas por cualquier cosa. Recuerdo muchas veces cuando era adolescente y llegábamos de la iglesia en la noche. Mi hermano más pequeño David y yo nos sentábamos en la mesa del comedor a beber chocolate caliente con galletas. Mi hermano comenzaba a hacerme reír y me hacía chistes imitaba a los hermanos de la iglesia y nuestras carcajadas entraban a la habitación de mi padre, que estaba tratando de dormir. Él nos reprendía y nos decía que nos fuéramos a dormir. A estas alturas con sólo mirarnos las caras, David y yo comenzamos a reírnos de nuevo. En cierta ocasión nos estábamos riendo tanto que nuestra madre nos abrió la puerta de la cocina y nos dijo: Váyanse fuera de la casa, hasta que se les pase toda esa risa. Luego suban y se acuestan a dormir. Estuvimos como quince minutos los dos tirados en el suelo riéndonos. Fueron momentos maravillosos cuando, vivíamos en mi casa con nuestros padres. Donde todo era alegría y felicidad. Cuán lejos estaba de imaginarme los momentos de amargura que me deparaba el futuro. Pero gracias a ese carácter que Dios me dió, pude disimular bien, la tormenta que llevaba por dentro, el torbellino que arropaba mi alma. Sonreia como el payaso que detras de su sonrisa, oculta un corazón herido y atormentado por el dolor. Me volvi una experta disimulando lo que sentía. Asi como hace una mujer golpeada, que esconde con el maquillaje, los golpes que ha recibido en su rostro, para que nadie se de cuenta lo que le pasa. Asi mismo escondía yo los golpes recibidos en mi corazón. Me convertí en una experta en camuflagear mi corazón herido, ante todas las personas que me conocian y ante mi propia familia.

Una vez más mi esposo entró a un nuevo programa de rehabilitación. Estuvo varios meses en el y al cabo de un tiempo, sucedió lo mismo. Casi nunca podía quedarse los 6 meses básicos. Siempre decía que estaba, bien salía a la calle y al pasar un tiempo estaba inyectándose de nuevo. Gastaba mucho dinero en drogas. Hizo que el negoció estuviera abierto todos los días sólo para su vicio. Dejó de pagar las cuentas importantes, cómo los bancos, la casa, las facturas mensuales se iban acumulando más y más. Para este momento ya él llevaba muchos años en el vicio lo que hacía más difícil, sacarlo de ahí. Muchas veces yo lo iba a buscar a cualquier punto de droga que hubiera. Él visitaba diferentes sitios donde vendieran. En mi desesperación por ayudarle me atrevía a visitar estos lugares, llenos de demonios, para tratar de hacer algo por él. Pero siempre regresaba tan vacía cómo entraba. Ya no tenía fuerzas para seguir luchando.

Decidí visitar al segundo hogar de rehabilitación que mi esposo asistió, para pedir ayuda nuevamente. Hable con el director del programa le dije cuan desesperada estaba. Le pedí que por amor a Dios, aceptara a mi esposo nuevamente en su programa, que le diera una última oportunidad. Aquel hombre era la última esperanza para mí. Por lo menos si él le volvía aceptar, mi esposo tendría una nueva oportunidad y yo tendría por lo menos descanso para mí alma. Pero aquel hombre, mirándome a los ojos me dijo: *Yo no pienso darle, ninguna otra oportunidad a tu esposo. Olvídate de él. Adam será un adicto toda su vida. Acostúmbrate a vivir con eso o salte de ese problema".*

Yo no podía creer lo que estaba escuchando, aquel hombre también había sido un adicto a las drogas y Dios había tenido misericordia de él y lo había puesto a dirigir ese programa. Jamás pensé que él reaccionaria de esa manera. Él vio las lagrimas en mis ojos, era una joven de apenas 29 años tratando de sobrevivir en aquella espantosa tormenta. Este hombre que yo pensaba que podía ayudarme me cerraba las puertas. Salí de aquel lugar más destruida que cuando entré. Recorrí todo el camino hasta mí casa llorando sin saber que hacer. Me indigne mucho con aquél hombre, Dios lo había puesto allí para ayudar a las personas no para rechazarlas. Al decirme que mí esposo sería un adicto toda su vida, estaba firmando mi sentencia de muerte. Al condenarlo a él de esta manera, también me estaba condenando a mi y a mis hijas. Cuan negro fue aquel día para mí. Por supuesto mi esposo nunca se enteró de esto, pero en mi mente retumbaban las palabras de aquel hombre que me decía: *"Él adicto siempre será un adicto".*

Dios es diferente, Él nos da oportunidad para levantarnos y siempre está dispuesto a sanar nuestras heridas. Un adicto a las drogas no tiene que ser un adicto toda su vida. Para ellos también Jesús murió. Todo lo que tienes que hacer es entregarle tu vida a Jesucristo El perdonará tus pecados y cambiará tu vida, hazlo ahora mismo y veras lo que Dios puede hacer por ti. Pasó algún tiempo más y nuestra situación no cambiaba. Seguía sufriendo la condición de mi esposo y veía cómo se deterioraba más cada día. Pero una noche abrumada por los problemas que ser la esposa de un adicto conlleva y sosteniendo sobre mis hombros una pesada carga, comencé a subir las escaleras para llegar a mi habitación. Me sentía tan triste y desesperada que cada escalón por subir se me hacia eterno.

Cuando llegué a la habitación me le quede mirando a una mecedora que tenía y por primera vez durante todo aquél sufrimiento, sentí la gran necesidad de hablar con Dios. Caí de rodillas frente a la mecedora y con lágrimas en mis ojos hice esta oración: *"¡Señor, vengo ante ti. Porque necesito ayuda, tu tienes, todo el derecho de darme la espalda, porque cuando tu, me llamabas yo te la di a ti. Pero yo apelo a tu misericordia. Apelo al Dios que predica mi papá y mi hermano. Yo quiero conocerte, he estado toda mi vida en la iglesia y todavía no te conozco. ¡Quiero tener un encuentro contigo!. Quiero ser salva, quiero sentir el gozo de la salvación en mi vida.*

Necesito que te lleves este sufrimiento de mi alma". Qudé en silencio y de pronto algo sobrenatural sucedió, algo bajó del cielo, que atravesó el techo de mi casa y entró a mi corazón, un gozo inmenso entró en mi alma. Dios había escuchado mi oración. Me puse de pie sintiendo en mi corazón el gozo de la salvación. En aquel momento Dios perdonó mi rebeldía. Todo esto era nuevo para mí nunca me había sentido así. Comencé a alabar a Dios con toda mi alma. Dios se hizo real en mi vida en Juan 7:38 dice: *"El que cree en mi como dice la escritura de su interior correrán ríos de agua viva".* Eso exactamente era lo que sentí, cómo un río de alabanza que salía de mi boca. Ese río arrastró toda la angustia, toda tristeza y toda la oscuridad. Sentía algo tan grande dentro de mí que aún hoy día es muy difícil de explicar. Dios había escuchado mi oración, Él no me dio la espalda. Él me recibió como una hija pródiga a la que estaba esperando y ahora me recibía en su casa. Querido lector si todavía tu no has experimentado esto en tu vida. Pídele a Dios esto en tu vida, del gozo que sólo él sabe dar. Juan 6:37 dice: *"Todo lo que el padre me da, vendrá a mi, y al que a mi viene, no le echo fuera".* Fue la noche más maravillosa de mi vida. Tantos años que había pasado en la iglesia y nunca había sentido esto. Me acosté a dormir, con aquel gozo en mi corazón y dormí, cómo hacía tiempo que no lo hacía. Desperté en la mañana y para mi sorpresa todavía sentía aquella demostración del poder de Dios en mi corazón.

Fui temprano a la librería me senté en el escritorio y llame por teléfono a mi mamá. Le conté todo lo que en la noche anterior había experimentado. Le dije que había tenido un encuentro con Jesús. Las dos nos gozamos y compartimos momentos de adoración a Dios. Aquella mañana tenía algo especial. Era cómo si el Sol estuviera brillando más fuerte. Todo se veía más claro de una, forma diferente. Dentro de mi todo había cambiado. Ya no había tristeza, no había agonía. Sólo había gozo, gozo y muchísimo más gozo. ¡Aleluya!

Dieron las 9:00 de la mañana y mientras trabajaba con unos papeles mire hacía la puerta, en esos momentos un hombre entraba a la librería. Le saludé y segui con mi trabajo. De pronto comienzo a escuchar a aquel hombre hablar en un lenguaje extraño, caminó hacía el frente del escritorio y en perfecto español, me dijo: *"Eso era lo que yo estaba esperando de ti. Que tú te humillaras a mí para yo enseñarte mi gloria. ¡Levántate! a predicar mi palabra. No mires ni a tu derecha, ni a tu izquierda, solo mira al frente, mírame a mí. La prueba es bien dura, pero yo estaré contigo. Yo te daré la victoria. Pase lo que pase, mírame a mi, que yo te voy a dar la victoria".* De más esta decirles a ustedes lo sorprendida que me sentía en ese momento. Dios me estaba confirmando que había escuchado mi oración. Y que él me ayudaría a salir adelante. El hombre salió de la librería y nunca más le volví a ver. Él nunca supo la seguridad y la fe que impartió a mi vida ese día.

Le creí a Dios, creí que él estaría conmigo en medio de aquella prueba. Le tomé la palabra a Dios, si antes tenía gozo imagínense ustedes cómo me sentía ahora. Sabiendo que Dios estaría respaldándome en aquel proceso. Un deseó inmenso de orar, se apodero de mí y comencé a orar todos los días. Sobre todo dándole gracias a Dios por el milagro de mi salvación. Nuevas fuerzas se apoderaron de mí, fuerzas que venían del cielo. Podía enfrentar a cualquier cosa. Dios había cambiado mi vida, no era la misma persona que se había echado de rodillas en sufrimiento. Ahora era una nueva criatura. En segunda de Corintios 5:17 dice:" *De modo que si alguno está en cristo, nueva criatura es; las cosas viejas pasaron, he aquí todas son hechas nuevas".* Él se hizo real en mí vida y también lo puede hacer en ti sólo tienes que pedir perdón, humillarte a Él y creer. Mientras viva, nunca olvidaré ese hermoso día cuando Dios escuchó mi oración.

Pasó algún tiempo después de esto cuando un día recibí una llamada de la oficina de un pastor muy conocido en Puerto Rico. Él conocía a mis padres y se enteró de la condición en que se encontraba Adam. El quería hablar conmigo, así que me citó en su oficina a las 7:00 de la noche. Este es un hombre de Dios, pastor por muchos años. Un príncipe de Dios. Su nombre es Rafael Torres Ortega. Este hombre de Dios fue muy importante para el comienzo de mi ministerio, le estaré siempre agradecida por todo lo que hizo por mi y mi familia.

Llegué a su oficina a la hora acordada y comenzamos a hablar. Me preguntó sobre mi esposo. Me dijo que se había enterado de la condición de Adam. Y quería ofrecerme su ayuda. Le interrumpí diciendo que yo tenía algo más importante que comunicarle. Le conté de mi experiencia con el Señor y cómo Él ahora era real en mi vida. Le hable con tanto entusiasmo y regocijo que él se sorprendió. Para ese entonces él tenia un programa de radio todos los días a las 7:00 de la mañana en una emisora muy conocida en Puerto Rico, llamada "Radio Redentor". El programa que él tenía se llamaba "Encuentro", fue tanta su impresión que me dijo estas palabras," *Tienes que estar en mi programa de radio, mañana en la mañana. Tienes que decir a todo PuertoRico., lo que Dios ha hecho contigo".* Ahora la sorprendida era yo. No podía creer lo que escuchaba. Yo en un programa de radio? Pensé en que líos te has metido ahora. Esa noche no pude dormir en toda la noche, pensando que iba a hablar por la radio en la mañana.

Bien temprano estaba yo en la emisora y a las 7:00 a.m en punto comenzó el programa. Las piernas me temblaban pero también estaba emocionada de que podía compartir mi experiencia con el pueblo puertorriqueño. Solo le pedí a Dios que me usara para poder transmitir su mensaje. Gracias a Dios así fue. Antes de terminar el programa comenzaron a sonar los teléfonos y muchas personas querían invitarme a sus iglesias para que les llevara mi testimonio. Se recibieron muchas llamadas de pastores y líderes de concilios invitándome a que les visitara. Le di el número de teléfono de mi madre para que me llamaran. Y cuando llegue a la casa de mi mamá ella me dijo que el teléfono no había parado de sonar y me entregó un papel con una lista de pastores que habían llamado. Dios me había dicho por el hombre que fue a la librería que me levantaria a predicar, pero yo no pensaba que iba a ser tan pronto. Todo esto me llenaba de emoción y también de temor, pues yo decía que no sabía predicar. Aunque conocía la palabra bien. De pequeña y de adolescente dedicaba largas horas a la lectura de la palabra, gracias a Dios por eso. Contaba con algo de conocimiento.

La Biblia dice en Daniel 4:2, *"Conviene que yo declare las señales y milagros que el Dios Altísimo ha hecho conmigo".* De esta manera iba a ejecutar y a obedecer la voluntad de Dios, no importando la situación en la que me encontraba. Sabía que Dios me había llamado no había ninguna duda en cuanto eso. Sabía también de que si yo me ocupaba de sus asuntos. Él se ocuparía de los míos. Deposité toda mi confianza en Dios, le creí a Él con todo mi corazón, y obedeceria todo lo que habia ordenado, me pondría en la brecha por el, aunque el mismo infierno viniera contra mi, me quedaría ahí hasta que Dios me diera la victoria porque el que me llamó, me capacitaría y me daria las fuerzas para vencer.

41

CAPITULO 4

El día que decidí enfrentar a satanás

"Porque armas de nuestra milicia no son carnales, sino poderosas en Dios para la destrucción de fortalezas"

2-Corintos 10:4

Mis niñas desde pequeñas cantaban y alababan a Dios, solo que estaban muy pequeñas para atreverse a cantar en público. Cuando llegó el momento de cumplir la primera invitación. Hablé con ellas y les dije que yo iba a predicar en una iglesia, que si se atrevían a cantar al frente, me dijeron que si y las mandé a ensayar lo que iban a cantar. Desde muy pequeñas aún noté que tenían este talento y sabía que era muy bueno involucrarlas en mi nuevo ministerio. Cumplía con todos mis compromisos y siempre veía la gloria de Dios manifestarse. Cuando estaba en los púlpitos, siempre Dios respaldaba mis palabras. Recuerdo cuando Dios me dijo que no mirara a ningún lado solo a Él. Eso era precisamente lo que hacía. Me olvidaba de la condición de mi esposo del derrumbe financiero que se acercaba y me iba a predicar con mis niñas su palabra. Adam salía todas las noches a buscar drogas, pero mis hijas y yo salíamos a cumplir con lo que Dios me había ordenado.

Al principio de mi ministerio también sucedió algo muy hermoso en mi vida. Dios me bautizó con su Santo Espíritu. Una noche visite la iglesia del pastor que me había invitado a la radio. Había una pareja de esposos estadounidense, y cuando terminaron de predicar hicieron el siguiente anuncio: *"En esta noche vamos a orar por todas aquellas personas que todavía no han recibido la experiencia de Hechos cap. 2".* Yo quería tener esto, muchas veces lo había pedido, yo quería esa unción en mi vida la necesitaba, ellos ordenaron hacer una fila y yo me puse en esa fila. Dios comenzó a bautizar a muchas personas y en mi mente, le pedí a Dios que también lo hiciera conmigo. Que una vez más me confirmara su llamado bautizándome con su Santo Espíritu.

En frente de mi estaba un joven que quería lo mismo que, yo. Cuando le tocó su turno, pusieron las manos sobre el y de pronto comenzó hablar en lenguas. Sólo restaban segundos para llegar a mi. Pero en ese poco tiempo que quedaba le volví a decir al Señor que por favor me diera la plenitud de su Espíritu. Quede en frente de la Señora que estaba orando por las personas y pude observar cómo levantaba su mano, para ponerla sobre mi cabeza, pero no tuvo tiempo, porque antes que ella pudiera tocarme, bajo del cielo tal poder, y comencé a hablar en otras lenguas, cómo señal de que había recibido el fuego de Dios.

Fue una noche maravillosa estaba feliz, porque Dios me había llenado con el Espíritu Santo y fuego y me había confirmado el ministerio. En el libro de Hechos dice: *"y fueron llenos del Espíritu Santo, y comenzaron a hablar en otras lenguas, según el espíritu les daba que hablase".* Gracias a Dios que mi esposo me acompaño a ese culto. Tenía yo a quien pasarle las llaves, porque estaba borracha con el fuego del Espíritu. Camino a casa hablaba en lenguas, me acosté y hablaba en lenguas y cuando desperté y me puse a orar de nuevo hablé lenguas. Dios me había dado las armas del Espíritu, para pelear contra el diablo. En segunda de Corintios 10:4 nos dice: *"Porque las armas de nuestra milicia no son carnales, sino poderosas en Dios para la destrucción de fortalezas".*

Al otro día mientras oraba, tomé una importante determinación decidí pelear con el diablo por el alma de mi esposo Adam. Antes de esto las armas que había empleado no habían dado ningún resultado. Pero ahora estaba segura que podía ganar. Sabia que la intención del enemigo era destruirnos a todos no tan sólo a mi esposo. Alguien tenía que ponerse en la brecha, para no dejarle pasar y esa persona tenía que ser yo. El diablo me habia declarado la Guerra y ahora yo, le estaba contestando su declaracion de Guerra. No iba a ser más una soldado pasiva sino ahora iba a entrar a la guerra contra él. Hice mío el verso de Efesios 6:10-13 que nos dice: *"Por lo demás hermanos míos, fortaleceos en el Señor, y en el poder de su fuerza. Vestíos de toda la armadura de Dios, para que podías estar firmes contra las asechanzas del diablo. Porque no tenemos lucha contra sangre y carne, sino contra principados, contra potestades, contra los gobernadores de las tinieblas de este siglo, contra huestes espirituales de maldad en las regiones celestes. Por tanto, tomad toda la armadura de Dios, para que podáis resistir en el día malo, y habiendo acabado todo, estar firmes".*

Ese texto se hizo real en mi vida, ya que esta era una batalla de vida o muerte. Cuando el diablo se dio cuenta que yo había decidido pelear contra él, por el alma de Adam, acrecentó sus ataques contra mí. Adam utilizaba más dinero para satisfacer su adicción a las drogas a tal extremo que exponía su propia vida, era incapaz de medir el peligro, arriesgando así su salud. El negocio de la librería estaba siendo atendido para así mantener la única entrada económica de la familia. Por la noche predicaba en diferentes iglesias y estaba en pie de guerra. No estaba sola contaba, con el Padre, el Hijo y el Espíritu Santo. No tenía ningún temor cruzando la línea para presentar batalla, porque sabía que Dios estaba de mí lado.

Cuando tú te decides a entrar a la guerra en contra de satanás por la vida de un ser querido tienes que tener en mente que muchas veces tendrás que entrar al territorio enemigo y una de las armas que no deben faltar es la oración. En Efesios 6:18 dice: *"Orando en todo tiempo, con toda oración y súplica en el Espíritu, y velando en ello, con toda perseverancia y súplica por todos los santos".* Y en Filipenses 1:19 dice: *"Porque sé que por vuestras oración y la suministración del Espíritu de Jesucristo, esto resultará en mi liberación".* Y en Apocalipsis 5:8 nos dice: *"Y cuando hubo tomado el libro, los cuatro seres vivientes y los veinticuatro ancianos, se postraron delante del Cordero; todas tenían arpas y copas de oro llenas de incienso que son las oraciones de los santos".* La otra arma es la alabanza, en Crónicas 20 nos relata que en cierta ocación se levantaron contra Judá, los hijos de Moab y de Amón para hacerles guerra. Le dieron aviso al rey Josafat, él tuvo miedo, pero se humilló a Dios y le consulto y convocó ayuno en toda Judá. El ejército enemigo era numeroso, pero Dios contestó a la oración de Josafat y de todo el pueblo de esta manera. 2-Cron. 20:15 y dijo: *"Oid, todo y vosotros moradores de Jerusalén, y tu rey Josafat, Jehová os dice así: No temáis, ni os amedrentéis, delante de esta multitud tan grande porque no es vuestra la guerra, sino de Dios".* Verso 17 dice: *"No habrá para que peleéis vosotros, en este caso, paraos, estad quietos, y ved la salvación de Jehová con vosotros. Oh Judá y Jerusalén, no temáis ni desmayéis, salid mañana contra ellos, porque Jehová estará con vosotros".* Pero los versos

21-22 son poderosos, nos describe como el pueblo de Dios iba a ganar la guerra solo, cantando y alabando a Dios.

Dice: Y habido consejo con el pueblo, puso a algunos que cantasen y a alabasen a Jehová, vestidos de ornamentos sagrados, mientras salía la gente armada. Y que dijesen. "Glorificad a Jehová, porque su misericordia es para siempre", Salmo 136 y cuando comenzaron a entonar cantos de alabanza, Jehová puso contra los hijos de Amón de Moab y del monte de seir, las emboscadas de ellos mismos, que venían contra Judá, y se mataron los unos a los otros. ¡Aleluya! Hermano cuando tu alabas a Dios, en medio de una prueba Dios confunde al enemigo. Él se destruye solito y tu saldrás victorioso. Cuando pones toda tu confianza en él y esperas la victoria veras a tus enemigos caer. Levítico 26:36 nos dice: *"Y a los que queden de vosotros infundiré en sus corazones tal cobardía, en la tierra de sus enemigos, que el sonido de una hoja que se mueva, los perseguirá, y huirán como ante la espada, y caerán sin que nadie los persiga".*

Pero los que aman a Dios y esperan en él y le son fieles, verán su redención. No importa cuan atacados sean, no tendremos temor. Tendremos confianza en lo que el Señor ha prometido y creeremos su palabra. Somos soldados, somos guerreros del ejército celestial, no podemos tener miedo. Aquel día cuando acepte el desafió del diablo por el alma de mi esposo, sabía que no podía retroceder, no podía darme el lujo de vacilar, aquello era ganar o ganar. Segunda de Timoteo 1:6-7 nos dice: *"Por lo cual te aconsejo que avives el fuego del don de Dios que está en ti por la imposición de mis manos. Porque no nos ha dado Dios espíritu de cobardía, sino de poder de amor y de dominio propio".* ¡Gloria a Dios por su palabra!. Porque en ella encontramos las fuerzas para continuar. Cada capitulo, cada verso, nos trae vida. Es cómo agua al sediento en medio del desierto. En esta guerra, podemos salir heridos de vez en cuando. Pero el Señor nos lleva al hospital del Espíritu Santo, cura nuestras heridas nos alimenta con su palabra y en poco tiempo estamos otra vez en el campo de batalla combatiendo de nuevo contra el enemigo. En esta guerra no hay tregua. No existen los tratados de paz.

No hay negociaciones no hay cenas por la paz. Con él no se podía negociar, él había tirado a matar y estaba convencido que lo lograría . . . Pero Dios daría la última palabra. En el Salmo 34:7 nos dice: *"El ángel de Jehová acampa, alrededor de los que le temen, y los defiende".* Esta escritura se hizo real en mi vida, una tarde en la librería. Mi esposo me había dicho mucho tiempo atrás que bajo ninguna circunstancia, cerrara la librería antes de las 4:30 p.m. Siempre cumplía con eso y nunca cerraba temprano. Pero un día como a las 3:30 p.m. mientras mi hija mayor Adamir hacia sus asignaciones de la escuela, siento una voz muy fuerte en mi interior que me dijo: *"Cierra este negocio y vete para tu casa".* Me dije a mi misma yo no puedo cerrar antes de las 4:30 p.m. Es muy temprano para irme. Pasaron unos segundos y de nuevo escuché la voz en mi interior, diciéndome que cerrara y me fuera, pero ahora con más fuerza, no me lo decía, me lo exigía. La orden era apremiante yo no entendía que sucedía. Para ese entonces ya eran las 3:45 p.m. miré a mi hija y le dije que guardara todos sus libros, porque nos íbamos a la casa. No sabía porque, pero sabía que debía de salir de la librería, lo más pronto posible. La voz del Espíritu Santo era muy fuerte. Yo tenía que cerrar la puerta de atrás que era de hierro, era una puerta muy grande y siempre me tardaba en cerrarla. Pero esta vez la fuerza del Espíritu, se apoderó de mi y de un solo tirón pude cerrarla. Sentía la urgencia dentro de mi de que debía salir de allí, aunque no me explicaba porque. Salimos a las puertas del frente y tenía que poner la alarma y luego cerrar, para ese entonces eran las 3:50 p.m. Tomé a mi niña nos montamos en el automóvil y nos fuimos a mi casa. No me podía explicar que había sucedido. Camino a casa, pensaba que todo esto parecía una locura. Yo no quería que mi esposo notara que yo había cerrado antes de las 4:30 p.m.

A las 8:00 p.m. mi esposo llegó a la casa y cuando entró por la puerta, lo primero que me dijo fue, *"¿Por qué tu cerraste la librería antes de las 4:30 p. m."* Me quede perpleja pues ya él lo sabía. Le contesté que yo no sabía porque razón, algo dentro de mí me había ordenado a cerrar temprano y que simplemente, obedecí a esa voz y así lo hice. Él me contesto: *"Fue Dios quién te sacó de la librería".* Le pregunte porque él sabía eso y me contestó lo siguiente: A las 3:00 p.m., él había entrado a un lugar muy peligroso a comprar drogas. Para ese tiempo él tenía un automóvil muy elegante y costoso. Cuando salía de este lugar, completamente endrogado, tres hombres armados le apuntaron con sus armas y le ordenaron entrar al auto y uno de ellos tomó las llaves y empezó a conducir. Uno de ellos tomó su billetera, sacó todo su contenido, además de una tarjeta con el nombre y la dirección del negocio, mientras él tercero le apuntaba por el costado. Con la dirección en la tarjeta, llegaron a la librería a las 4:00 p.m. Yo no tuve tiempo de recojer el dinero asi que ellos lo tomaron todo además de muchos cheques, haciendo a mi esposo que los firmara.

Le montaron de nuevo en el auto y comenzaron a planificar como le iban a matar. Dos de ellos insistían en darle muerte, pero el tercero les decía que mejor le entregaran el auto y le dejarán ir. Ellos se llevaron, todo el dinero. Esto fue un complot del diablo para llevarse el alma de mi esposo. Ya que si él moría ese día apartado de Dios cómo estaba su alma se perdería. Él me dijo que cuando iba camino a la librería, lo único que le pedía a Dios era que yo no estuviera allí. Porque de yo estar en la librería no quería ni pensar que hubieran hecho estos hombres conmigo y mi hija. Ellos le devolvieron su auto. Se quedaron con su cartera y las fotos de mis hijas amenazándolo que si él hacia algo contra ellos, nos buscarían y nos matarían.

En aquella noche supe que la voz interior que escuche era la mismísima voz del Espíritu Santo, advirtiéndome del peligro que estaba por ocurrir, si me quedaba unos minutos más en la librería. Alabado sea el Señor que él cuida de sus hijos en todo tiempo. Pienso que mi ángel de la guarda tuvo que trabajar siempre horas extras durante todo esos años, para protegerme porque los ataques del enemigo, siempre fueron muy fuertes.

Mientras mas fuertes eran los ataques, más fuerte era la gloria de Dios en mi vida, más fuerte era la fortaleza que recibía de mi Dios. Podía sentir a Jesús a mi lado, creeme hermano esto era muy real en mi vida de diversas maneras. Nunca le cedía ni un ápice de terreno al diablo. Siempre me mantenía en ayuno y oración y en la lectura de la palabra. Predicando en los lugares que me invitaban, sin ningún temor iba avanzando en aquél terreno o campo de batalla. Dios utilizaba mi testimonio para salvar almas y restablecer sus vidas. Recuerdo una ocacion en que mi pastor me mando con un grupo de hermanos de mi iglesia a enseñar un método de enseñanza a una iglesia que años atrás yo habia ido a dar mi testimonio. Al finalizar el evento y cuando me disponia a marcharme una hermana me detuvo y me hizo esta pregunta: tu no me recuerdas? Le dije que no, ella me dijo;la ultima vez que tu viniste aqui tu contaste tu testimonio, yo pase al altar y le entregue mi vida a Jesus. El me liberto de un vicio de cocaína de 12 años. A mí me sorprendió mucho porque hasta ahora yo no sabia cuan grandes cosas Dios estaba haciendo con mi testimonio y me goce mucho con esto. Pero cuando iba camino a mi casa comencé a llorar y a decirle a Dios esto. Senor como es posible que tu hagas un milagro tan grande con esta persona atravez de mi predicacion cuando mi esposo se encuentra todavia en las drogas?No quiero que me entiendan mal yo me alegre con la salvacion de aquella mujer, lo que no podia entender era como Dios no hacía lo mismo con mi esposo. Inmediatamente vino la respuesta de Dios a mi, diciendome. Myriam ese no es tu problema yo te uso como yo quiero. Tu encargate de mis asuntos que yo me encargo de los tuyos. Inmediatamente comprendí lo que Dios me estaba enseñando aquella noche.

Mientras tanto mi esposo se sumergía más y más en aquel vicio infernal que nos estaba robando todo el dinero que tenía solo para satisfacer aquel horrible vicio. Dejó de pagar las cuentas, cómo la hipoteca de la casa, cuenta de los préstamos bancarios y nos llegaron cinco demandas por la corte de parte de los bancos que él debía. Cada vez que llegaba una carta como esa, se la presentaba a Dios y clamaba, por ese nuevo problema hasta que todo se solucionaba. Otro golpe que llegó a mi vida fue una carta enviada del banco de nuestra hipoteca de la casa, informándonos que estábamos a punto de perderla por falta de pago. Entonces decidimos venderla a muy bajo precio para tratar de no perderlo todo. La pusimos en venta y pronto una pareja se interesó en la casa. Pero antes de terminar los trámites y desalojar la casa. Sucedió un evento muy desagradable el cual me hizo abandonar la casa antes de tiempo. Un día en la mañana mi esposo me pidió un dinero del que yo tenía guardado, no era mucho, pero era lo único que me quedaba. Él insistía que le entregará el dinero, mi respuesta fue no, informándole que era lo único que teníamos y él no quería entender. Por que su vicio de drogas era más importante que el destino de su esposa e hijas. Se molestó mucho conmigo de tal manera que salió hecho una furia de la casa. Me sentí tranquila cuando se fue, me sentí feliz de que se hubiera marchado. Todo el día transcurrió bien, llegó la noche y mis hijas y yo nos fuimos todas a dormir. Como a las dos de la madrugada un fuerte golpe me despierta de mi sueño. Mi esposo había abierto la puerta dando un azote con ella contra la pared. Me hice la dormida. Dejó caer algo con fuerza sobre la mesa del cuarto, fue un golpe con mucha ira, para que yo me despertara. Abrí mis ojos y él seguía parado ahí, y en su rostro vi mucha ira. Cuando miré a su lado en la mesa, había un puñal que él había puesto sobre la mesa. Lo dejó ahí y se fue al baño. Me quede viendo aquel puñal y un frió recorrió todo mi cuerpo pensé si él me ataca con ese cuchillo no tendría posibilidad de sobrevivir, me levanté de la cama, aproveché que él se bañaba para ir cuarto por cuarto despertando a mis hijas para salir de aquella casa. Literalmente temía por mis hijas en ese momento. Recuerdo que mi hija más pequeña Denisse tendría algunos diez meses de vida. Desperté a Addy mi hija mayor la sacudí con violencia para que despertara; le expliqué que tendríamos que salir de la casa. Bajaron por las escaleras, les dije que corrieran al frente que yo iba detrás de ellas. Metí mis manos en la cunita de la bebe la envolví bien. Tome las llaves y abrí los portones y corrimos a la calle. Tenia yo una vecina llamada Ana una vez me dijo: *Myriam si alguna vez tú me necesitas yo estoy aquí, si es tarde en la noche toca la puerta, si yo no te oigo, vete por atrás y tírame una piedrita en la ventana y te voy a oír.* Recordé esas palabras y decidí hacer eso. Toqué su puerta, no me escuchó porque también su casa era como la mía, con las habitaciones arriba. Me fui por detrás tire una piedrita contra su ventana y le llamé. Cuando ella me escuchó, bajó las escaleras y me abrió la puerta y bondadosamente me dejó pasar. Le expliqué todo lo que había pasado. Improvisó unas camitas en el suelo y allí pasamos la noche. De vez en cuando ella volvía y me informaba que mi esposo, había salido en el carro buscándome por toda la urbanización no se imaginaba que estábamos tan cerca.

Al otro día, fui a casa de mis padres y le explique a mi mamá lo que había pasado ella me brindó su casa. Regresé a mi casa para sacar mis cosas. Uno de mis hermanos fue conmigo y me ayudó con la mudanza. No se pueden imaginar cuanta tristeza tenía en ese momento. Tener que abandonar mi casa, de esa manera tan humillante. Recordé los momentos felices que viví, cuando la compramos. Cuando yo tenía un matrimonio feliz y todos éramos felices. Allí nació mi hija más pequeña Denisse. Y en el principio tuvimos momentos muy felices. Ahora era tan diferente cuanta tristeza había en todo este lugar destruido. Cuando daño puede hacer las drogas y los vicios a una familia. Sólo Dios sabe, cuanto sufría mi corazón. Así que tomé a mis tres hijas y me fui a casa de mis padres, en un solo cuarto nos acomodamos. Había una sola cama así que dos de mis hijas tenían que dormir en camitas improvisadas en el suelo. Fue muy triste para mí, ver a mis hijas pasar por esa situación.

Gracias a la generosidad de mis padres, tenía de nuevo un techo sobre nuestras cabezas. Mi esposo entregó la casa y se fue a vivir a casa de sus padres. Al pasar unos días me llamó por teléfono, arrepentido de lo que había pasado. Por cuatro meses viví con mis padres hasta que el alcalde de Bayamón Ramon Luis Rivera cumplió lo que un día me prometió y me hizo la entrega de las llaves de mi nuevo apartamento.

Residencial que él había mandado a construir. Dios usó a este hombre para bendecirme y demostrarme una vez más que él todavía estaba conmigo. Mis hijas estaban contentas porque estaríamos en nuestra vivienda y totalmente nueva. Para ese entonces mi esposo nos venía siempre a ver a casa de mis padres y se notaba más tranquilo. Volvió a la iglesia e hizo un esfuerzo para que todo marchara mejor. Mis hijas también estaban contentas porque su papá iba a estar otra vez con ellas. Ya que siempre a pesar de todo, ellas seguían amando a su papá.

De todas las perdidas que tuvimos la más triste para mi fue el día en que tuvimos que cerrar la librería. Esto porque al poco tiempo de estar viviendo en el nuevo apartamento Adam mi esposo regresó de nuevo al uso de drogas y todo se vino abajo otra vez. Las cinco maquinas de imprentas, mi esposo las vendió muy debajo de su precio y utilizó el dinero para comprar drogas. Aunque yo le reclamaba su conducta él nunca me escucho. El vicio de drogas le exigía más y más y para mantener su adición vendia lo que fuera. Había noches en que no nos dejaba dormir. Yo había conseguido un empleo en una panadería cerca de mi casa. Entonces él llegaba en la noche drogado y comenzaba a hacer ruido tirando zapatos contra la pared y nos despertaba a todas. Yo madrugada para el trabajo y mis hijas tenían que ir a la escuela, muchas veces con sueño, porque no habían podido dormir bien. Él tampoco dormía y a veces entraba a mi habitación encendía la luz, me despertaba, me levantaba y la apagaba, pero él volvía una y otra vez a hacer lo mismo. Era un infierno en las noches. Solo Dios sabe todo lo que tuvimos que pasar, esperando en la promesa del Señor en que él nos daría la victoria. Pero aun asi yo seguia creyendole a Dios. Una fuerza dentro de mi me ayudaba en la batalla, eran las fuerzas del Espiritu Santo que en todo momento, me sostenia y peleaba a mi lado por el alma de mi esposo. Las fuerzas que te hacen vencer cualquier obstaculo y te lleva a la victoria. Quiza, Dios te ha dado alguna vez una palabra profetica a tu vida una promesa de victoria, pero como han pasado los años y no haz visto su cumplimiento, haz entrado en un desierto de desanimo, dejame decirte que Dios no se ha olvidado de ti, debes de seguir esperando el cumplimiento de esa promesa que Él te ha dado, porque ninguna palabra de Dios ha caido en tierra nunca y todo lo que él promete, lo cumple. Sigue esperando y confiando. Sigue creyéndole a Él, y veras cumplida su palabra en tu vida. Veras el milagro por el que haz estado orando por tantos años.

Había veces que llegaba tan cansada del trabajo y tan agotada que lo único que quería era dormir. Entonces oraba a Dios y le decía: *Señor esta noche necesito descansar, quiero dormir toda la noche: Por favor que hoy él no regrese a la casa, que se quede en el sitió donde compra la droga, toda la noche así mis hijas y yo podremos dormir.* Dios escuchaba mis ruegos y él no regresaba en toda la noche. Al otro día nos levantábamos muy descansadas para enfrentarnos a un nuevo día de trabajo. Hubo más momentos desagradables en mi vida a las que me tuve que enfrentar. Recuerdo el día que recibí una llamada de un Manager de un supermercado en la que me decía que tenían detenido a mi esposo por dar cheques sin fondos. El hombre me dijo que esta no era la primera vez que él hacía esto y si yo no me hacía responsable de pagarle todo ese dinero; a él se lo llevarían preso Salí de la oficina de aquel hombre muy avergonzada por la conducta de mi esposo adicto. Firmé unos papeles en los que me comprometía a pagar ese dinero. Me hizo un plan de pagos, porque por la cantidad tan grande no podía pagarla en ese momento. A los adictos a las drogas no les importa meterse en problemas de esa índole con tal de satisfacer su adicción, pierden el sentido del deber y manipulan el miedo de su familia en este caso a mí. Con el plan de pagos que me hizo aquel hombre pude pagar todo ese dinero. Ese fue un momento muy desagradable en mi vida. Hubieron muchos momentos difíciles en mi vida, pero nada se compara con ver el deterioro físico que la adicción a las drogas causaba en mi esposo. Ver lo que el uso de droga estaba causando en él, me dolía mucho. Muchas veces no podía creer que aquel hombre que ahora estaba frente a mí, en esa condición fuera el mismo con el cual yo me casé algunos años atrás. Toda su conducta era diferente, era cómo si me hubieran cambiado el marido y no me lo hubieran comunicado y hubieran puesto esa otra persona completamente diferente en su lugar.

Algunas veces en su afán por encontrar dinero para comprar la droga, abría los gabinetes de la cocina y se llevaba la mayoría de la compra para venderla en la calle, y así tener dinero para su adicción. De modo que cuando yo me disponía a cocinar y buscaba el arroz o la salsa o la carne. Estos no se encontraban, me quedaba parada frente al gabinete preguntándome, ¿Como era posible que él pudiera hacer algo tan terrible como el dejar sin alimento a sus hijas?. En que se había convertido mi marido, eran momentos muy dolorosos para mi y mis hijas. Cuanto tiempo para darme cuenta que ya no tenía un esposo en quién confiar que aquel hombre se había vuelto un completo extraño para mí. Eso es lo que hace la adicción a las drogas con el hombre, le saca a flote sus peores instintos y su personalidad cambia, hasta se convierte en una marioneta maldita manejada por "satanás", Es como si florecieran las fuerzas del mal en su vida.

Aun recuerdo un episodio que me contó mi hija Lilliam. Sucedió que ella llegó al apartamento temprano de la escuela y cuando abre la puerta se encuentra en la mesa del comedor droga y todos los utensilios para preparar y consumirla De pronto su padre Adam sale de uno de los cuartos y ella le cuestiona que era todo aquello. Él se enfureció con ella y le dijo que se fuera y que se saliera del apartamento. Ella se aterrorizó y salió corriendo con mucho miedo. Yo estaba trabajando en la panadería y ella siguió corriendo todo el camino hasta llegar a mi trabajo y me contó todo lo sucedido. Me sentí tan indignada con lo que hizo mi esposo, por haber permitido que una de mis hijas viera todo aquello. Recuerdo que esa tarde le hablé muy fuerte y le recriminé mucho por su conducta.

En otro momento Lilliam encontró una caja de cigarrillos que él había escondido en el al baño; Lilly siente una voz que le dijo: *"Saca uno y enciendelo"*, y cuando estaba a punto de hacerlo, ella escuchó mi voz cuando la llamaba, sintió tanto miedo que tiro todo el paquete por el inodoro. Ella me cuenta hoy en día, que si no hubiera sido porque en ese preciso momento yo la llame, quizás hubiera quedado esclava del cigarrillo. Cuando yo no podía cuidar de mis hijas, Dios siempre se encargaba de hacerlo. El diablo quería que todos nosotras quedáramos esclavas en algún vicio. Para destruir a toda la familia, pero con lo que Satán no contaba era que el ángel de Jehová acampaba alrededor de nosotras y nos defendía.

Otro de los momentos en que Dios demostró su poder, fue el día en que Adam, me pidió dinero para su maldito vicio. Solo tenía unos veinte dólares en mi bolsillo. Le dije que no se los daría para su vicio, que era para la leche de las nenas. Tenía tanta necesidad por la droga que estaba temblando con sudor frió y nauseas. Caminaba en la habitación de un lado para otro, pidiéndome aquel dinero. Yo continuaba diciéndole que no se lo daría. Visiblemente estaba enfermo necesitaba la dosis de droga, para solo calmar todos aquellos síntomas. Yo me estaba exponiendo a un ataque fisico de parte de mi esposo, porque los adictos pueden robar y hasta matar para obtener dinero para su vicio. Podia ver la manrera en que el se encontraba, pero yo no sentia miedo alguno sabia que el que estaba conmigo era mas poderoso que el que estaba en el. Decidí hacer un acuerdo con él y de paso confiar en las promesas del Señor. Le dije: *"Vamos a hacer un trato tú y yo. Voy a hacer una oración por ti al Señor y si a ti se te quitan todos esos síntomas, yo no te tengo que entregar los veinte dólares. Pero si por el contrario nada pasa te los daré.* Puse mis manos sobre su cabeza e hice esta oración: *"Padre tu sabes que solo tengo estos veinte dólares y tu sabes que los necesito Ahora te pido en el nombre de Jesús que todos estos síntomas que tiene él desaparezcan y así poder quedarme con el dinero confió en que tu eres mi Padre y que me estas escuchando, en el nombre de Jesús, Amén".*

Cuando terminé la oración abrí mis ojos y le mire, él me estaba mirando con sus ojos bien abiertos de asombro. Le pregunté, ¿Qué pasó y que sentía?. Él muy asombrado me dijo: No me lo vas a creer, pero todos los síntomas se fueron no siento nada de nauseas ni los escalofríos. Cuando escuché eso me dieron muchos deseos de reír y le dije: No bromees conmigo de esa manera, no me mientas, ni quieras burlarte de mi. Me contestó; No estoy mintiendo, de verdad se fue todo.

Se imaginan que después que oré por un milagro y al cumplirse tan pronto, era difícil creerlo. Era como para reírse. Pero al mirarlo bien pude comprobar que ya no estaba temblando y que tampoco a él le convenía mentir. De más esta decirle quien se quedó con el dinero ese día. Dios es maravilloso y contesta todas nuestras oraciones solo para demostrarnos que Él esta con nosotros. Mis hijas las dos mayores ya habían llegado a la adolescencia y también junto conmigo estaban llevando esta pesada carga la cual se, hacía más pesada cada día. Me mantenía predicando en las iglesias y ellas cada día cantaban más hermoso. Yo era maestra de escuela dominical. Tenía a cargo el más bello grupo de damas en mi clase. Amaba enseñar a aquellas damas y ellas lo disfrutaban mucho. Pertenecía a la iglesia Cristo en el Pinal de las Asambleas de Dios. Cuyo pastor era el Rev. José Collazo.

Los años que pasé en esa pequeña iglesia los pasé trabajando junto a mi pastor. Allí mis hijas crecieron y se divirtieron mucho en las diversas actividades de la iglesia. Asistíamos con mucho placer a todos los cultos. Para mi el culto que más daba fortaleza a mi vida lo era el culto de oración, cuando todos los Lunes derramaba mi alma delante del Señor pidiéndole misericordia por mi esposo. Solo Dios sabe las lagrimas que derramé en oración, confiando que Dios me estaba escuchando y que pronto salvaría a mi esposo. Eso era un refrigerio espiritual que recibía, era como un oasis en medio del desierto. Gracias a Dios por esa iglesia, que durante ocho años compartí con hermanos que fueron muy importantes en mi vida. Gracias al hermano Collazo su esposa Olga y sus hijos por confiar en mí y ayudarme en momentos tristes en mi vida. Todavía y aunque vivo fuera de Puerto Rico, mantenemos contacto con ellos y cuando visitamos la Isla, los vamos a visitar y pasamos momentos agradables en el Señor.

Al hermano Collazo le debo el año de descanso que tuvimos de tantas angustias al hacer los trámites para internar a mi esposo a un centro de rehabilitación en Hartford Conn. Por el año en que él estuvo allá, continué con mi ministerio y eso fue un verdadero descanso para nosotras. Si bien es cierto que después de regresar a la casa, y de algunos meses mi esposo volvió al vicio de las drogas. Durante ese año tuvimos paz en nuestro hogar. El haber pertenecido a esa iglesia y el haber compartido con tan buenos hermanos, fue una bendicion a mi vida. Fueron muchos los momentos de felicidad que mis hijas y yo vivimos en esa iglesia. Hay un suceso muy comico que ocurrio un dia mientras yo predicaba en la iglesia. Un dia yo estaba hablando con mi pastor y le dije:__ Hermano Collazo, yo le tengo miedo a las cucarachas y cuando yo veo una, salgo corriendo y no hay quien me alcance. Si por casualidad algún día yo estoy predicando y entra una cucaracha volando por toda la iglesia, de seguro yo salgo corriendo y usted va a tener que terminar el sermon, porque yo suelto el microfono y salgo corriendo.__ El se me quedo mirando fijamente y muy serio me dijo: __ yo no puedo creer lo que tu me estas diciendo, Myriam, una mujer tan valiente como tu, que ha peleado con el mismo diablo, ahora me diga que le tiene miedo a las cucarachas.__ Yo le conteste: __Bueno hermano Collazo asi es, aunque usted no lo crea es la verdad.__ En la iglesia todos los hermanos sabian que yo le tenia miedo a las cucarachas porque cada vez que entraba una volando, yo me escondia y me salia de la iglesia hasta que alguien la matara. Pasó el tiempo y una noche me tocó a mi predicar y estaba bajo la uncion del Espiritu Santo cuando de pronto entró una una cucaracha volando, directo hacia mi cara, hacia el mismo pulpito donde yo estaba. Cuando los hermanos la vieron se quedaron tensos y no sabian que hacer, cuando yo la vi que venia hacia mi y con un impulso de la uncion en que me encontraba, levanto mi mano y señalandola con mi dedo indice le digo: __ "Détente, en el nombre de Jesus!__ solo eso basto para que la cucaracha cayera al piso completamente muerta, y yo seguí predicando, con la misma unción de Dios. Cuando se terminó el culto, un joven de la iglesia agarró a la cucaracha por una de sus antenitas y me la trajo y riendo me dijo: __Mira como dejaste a esta pobre cucaracha, la mataste!__ No podia creer lo que habia pasado, los hermanos estaban todos riendo y mirando la cucaracha que habia caído muerta por una palabra de unción. El hermano Collazo se reia y todavia este suceso es un chiste entre los hermanos que lo vieron. En aquella iglesia vivimos muchos momentos agradables mis hijas y yo, y amábamos a los hermanos inmensamente.

CAPITULO 5

La muerte de mis padres

"Aunque ande en valle de sombra de muerte, no temeré mal alguno, porque tú estarás conmigo"

Salmo 23:4

El salmo 125:1 nos dice: *"Los que confían en Jehová son como el monte de Sion, que no se mueve, sino que permanece para siempre".* Como les dije anteriormente había creído la palabra que Dios me había dado, por lo cual me mantenía, esperando en El. Llevaba ya varios años en la misma condición y no veía ningún cambio en la vida de mi esposo Adam, por el contrario todo iba peor. Muchas veces tenía que esconder muy bien el dinero, para que él no lo tomara y lo usara en drogas. Te sorprenderias los lugares que hay dentro de un apartamento para esconder dinero. Muchos de los escondites él los descubría pero a mi mente vino uno estupendo. Estoy segura que Dios puso este lugar en mi mente, ya que de verdad era buenísimo. Nunca encontró mi dinero en ese lugar. Ahora me da risa, porque era un lugar muy visible, pero él no podía verlo. No diré aquí en este libro el lugar, porque no se cuantas personas estén pasando por lo mismo y Dios ya los halla revelado ese escondite perfecto para esconder dinero y yo vaya a arruinar ese escondite. Lo cierto era que nunca más se me desapareció el dinero. ¡Gloria A Dios!

En el 1984 tuve que enfrentarme a otro duro golpe. A mi mamá le dio un derramé cerebral muriendo pocos días después. Fue terrible para mí porque esto nos cogió por sorpresa. Con la única persona que yo podía hablar de mis cosas y que muchas veces me hizo reír, se había ido a estar con el Señor. Recuerdo una noche en que fui a visitarla, nos sentamos en el balcón de la casa y ella me dijo algo que me pareció muy gracioso y solté una de mis características carcajadas. Ella me miró y me dijo Myriam, con un problema tan grande como el que tienes en tu casa. ¿Cómo es que todavía tienes ánimos para reír? Le dije; mami yo no sé. Tiene que ser el Señor, que me da fuerzas para seguir viviendo. Sentí muchísimo su partida, nunca había perdido a un ser querido y no la hubiera querido perder a ella.

Menos de un mes de su partida muere mi padre. Todo esto era increíble para mí. ¿Cómo es posible que Dios se lleve a mis padres en el mismo año con tan pocos días de diferencias? Ahora entiendo porque casi un mes antes, Dios me había dicho que entrara en un ayuno de cinco días. El estaba preparándome para tan terrible pérdida. Ellos le sirvieron al señor por más de 46 años. Les debía tanto a ellos, todo su amor todo lo que me enseñaron y por su puesto haberme dado un hogar cristiano. Pero tengo una esperanza, y es que algún día volveré a ver sus rostros, volveré a abrazarlos y les diré Gracias por todo lo que me enseñaron. Tengo que también agradecerle a toda mi familia el que nunca se expresaron mal de mi esposo en frente de mí. Yo se que ellos también sufrieron al verme, pasando por todo aquello. Pero nunca se expresaron en forma desagradable de él. Respetaron mis decisión de quedarme junto a él obedeciendo la voz del señor yo se que, otra familia, hubiera querido que yo me divorciara de mi esposo, pero ellos nunca se metieron en este asunto. ¡Gracias familia! Por entender que en esto había un plan de Dios muy especifico. Yo se que muchas personas que me amaban, me querían ver libre de este tormento, algunos no entendían, cómo después de tantos años yo permanecía a su lado. Ese fue el caso de un pastor amigo de mi hermano. Me encontré con él, en una campaña evangelística que se estaba celebrando en mi pueblo natal. Cuando me ve me saludo y me preguntó cómo esta Adam y me dice que si todavía estoy con él. Cuando le dije que si él me dijo con tristeza en su rostro. ¿Myriam, porque tu no te divorcias de Adam? Tú eres una muchacha joven todavía. Tú puedes rehacer tu vida otra vez. ¿Por qué no te divorcias? Yo me le quedé mirando a aquel hombre y le contesté estas palabras: Hermano eso no fue lo que me dijo el Señor. Él me dijo, que me quedara aquí, pase lo que pase, tengo que obedecer al Señor. Él me dijo que me daría la victoria. Y yo la estoy esperando.

Él volvió a mirarme reflejando en su rostro la tristeza y me dijo: Si eso fue lo que dijo el señor pues entonces obedécelo y quédate ahí. Dios te bendiga y sigue adelante. Yo no podia esperar que las demas personas entendiera mi decision, tampoco podia pedirles eso, quiza era el blanco de muchas criticas, quiza no podian entender como me quedaba al lado de mi esposo, el mismo que habia echado por la borda todo su hogar, su familia, su matrimonio, pero de una cosa si estaba segura y era que habia depositado toda mi confianza en Dios, que habia obedecido en todo sus ordenes, cuando me dijo que me quedara en la brecha, luchando por el alma de mi esposo. Dios me había prometido una victoria, y aunque esta tardare, yo sabia que algun dia la veria, porque Dios siempre cumple sus promesas y de eso yo estaba bien segura.

Iglesia "Cristo en el Pinal" de las Asambleas de Dios

El alma de mi esposo estaba en juego, yo no podía retroceder. En la guerra tu no puedes retroceder, tienes que avanzar hermano, no importa, cuan difícil sea la prueba tienes que seguir adelante, no puedes desmayar. Basta ya de que el diablo vea siempre nuestras espaldas corriendo. Ya es tiempo de verle las espaldas a él, huyendo de ti. No seas más un cristiano pasivo sino un cristiano ofensivo. Armate con las armas del Espíritu y ve a la conquista. Sigue clamando por ese ser querido que esta sin Cristo. Metete en la brecha por él y tendrás la Victoria.

Habrá momentos difíciles en que te sentirás débil, pero no te olvides que él esta a tu lado. La Biblia dice en el Salmo 31:2 *"Inclina a mi tu oído, líbrame pronto, Sé tu roca fuerte y fortaleza para salvarme"*. Cuando me encontraba débil a causa de la batalla Dios siempre enviaba ayuda. Llegaban a mi casa, hermanas ungidas por Dios que oraban conmigo y sobre todo me escuchaban, ellas transmitían el amor de Dios, para conmigo. Recuerdo una de esas visitas, cuando comenzamos a adorar a Dios en nuestra casa y la gloria de Dios descendió en una forma maravillosa mientras orábamos y alabamos a Dios, la casa se fue llenando de un olor a aceite tan agradable, en cada habitación se sentía ese olor aún fuera de la casa se podía sentir. Fue muy bonito, cómo Dios nos hizo sentir su presencia aquél día.

Dios tiene su gente especial que con una visita, pueden dejarte el aroma de Dios en tu vida. No van a tu casa a condenarte, cómo los amigos de Job. Están ahí como emisarios del Señor, a llevarte un refrigerio espiritual, cuando más tú lo necesitas. Dios bendiga a esas amorosas personas que dejan que el Espíritu Santo fluya a través de ellas. 2-Corintos 1:4 nos dice: *"El cual nos consuela en todas nuestras tribulaciones, para que podamos también nosotros consolar a los que están en cualquier tribulación, por medio de la consolación con que nosotros somos consolados por Dios"*.

Al pasar varios años en la misma prueba muchas veces nos sentimos un poco desconcertados. Siempre en mi mente estaba la palabra que Dios me había dicho que me daría la victoria. Pero todo cristiano experimenta algunas veces cierta incertidumbre. La mayoría de los días estaba yo muy activa dando la batalla y hablando victoria. Pero un día específico amanecí un poco débil. Ese día amanecí un poco triste. El pastor había programado un culto durante el día, para darle gracias a Dios por todas sus bendiciones. Mis hijas y yo íbamos camino a la iglesia, esa mañana. Mientras iba conduciendo el auto, estoy pensando que lo único que quiero es sentarme en la silla, escuchar las alabanzas y oír la predicación. No quería hacer nada más. Muchas veces el pastor me llamaba al frente para que dirigiera una alabanza, pero en ese día estas fueron mis palabras. Hoy no quiero que el pastor, me llame al frente, para hacer nada. Hoy estoy desanimada y triste. Ojala que a él no se le ocurra llamarme al frente. Con ese pensamiento iba por todo el camino, hasta llegar a la iglesia.

El pastor había invitado a predicar a un pastor amigo suyo. Él era el superintendente de las Asambleas de Dios en mi país. Pasaban los minutos y el predicador no llegaba y mi pastor dijo desde el pulpito.

Myriam, pásate acá y cantemos una alabanza. Si después que tú termines no ha llegado el hermano comenzaremos a predicar. ¡Dios mío! Como me encontraba yo en aquél momento. Yo no tenía deseos de cantar pero tuve que pasar obedeciendo a mi pastor. Les recuerdo otra vez que era día de acción de gracias. Un día de agradecerle al Señor tantos beneficios. Así que me paré al frente y comencé de esta manera.

Hermanos, hoy es día de Acción de gracias, y debemos dar gracias al Señor. Aunque algunas veces no nos sintamos con mucho animo y nuestras fuerzas nos abandonen. Este es mi caso en este dia ya que como ustedes saben la prueba que estoy atravesando. Yo me pregunto si voy a llegar a anciana con esta prueba, me pregunto cuando Dios cumplirá su palabra Perovamos a dejar toda tribulación. Vamos a alabar a Dios, y comencé a cantar y toda la congregación me siguió en el cántico. Terminé de cantar y le di la parte a mi pastor y él comenzó a predicar. Pasados cómo quince minutos, el hermano invitado llegó y el pastor dejo de predicar y le pasó la parte a él.

Él comenzó a predicar y en un momento dado empezó a decir estas palabras. Tu que te preguntas: ¿Hasta cuándo vas a estar con esa prueba?. Dios te dice, en esta mañana que aunque tardaré, Él te dará la victoria. Demás esta decirle que toda la iglesia se puso de pié a adorar a Dios y yo caí de rodillas llorando y pidiendo perdón por mis palabras. Toda la congregación fue testigo de que Dios me estaba hablando a mí en aquel momento. Pude ver una vez más que Dios tiene cuidado de nosotros. Aunque desmayemos un poco Él esta a nuestro lado para consolarnos. El Espíritu Santo estaba presente cuando yo me expresé de esa forma el predicador no estaba. Pero el Espíritu Santo si. "Y Él contesto mi pregunta".

CAPITULO 6

El principio del fin

"Jehová redime el alma de sus siervos, y no serán condenados cuantos en él confían"

Salmo 34:22

Mis dos hijas mayores estaban en plena adolescencia. Adamir tenía 16 años y Lilliam tenía unos 14 años. Como les había mencionado antes, desde muy pequeñas demostraron aptitudes para el canto. En el 1989 la juventud del Concilio Asambleas de Dios hicieron unas competencias el cual se llamó: "Festival de Bellas Artes", a nivel seccional. Ellas entraron en estas competencias en las categorías de solo femenino y grupal vocal. Ganando el primer lugar en solo femenino Lilliam y en grupo vocal Adamir y Lilliam. Fue una noche muy hermosa. El ganar a nivel seccional les daba derecho a entrar en la siguiente competencia que sería a nivel Nacional.

Se prepararon muy bien para esto. Cómo madre les animaba siempre y les decía que iban a ganar. Fue una noche espectacular. Toda nuestra iglesia junta con nuestro pastor, estábamos ahí, para animarlas. Esa noche Lilliam ganó a nivel nacional el primer lugar Solo Vocal femenino. Adamir y Lilliam volvieron a ganar cantando juntas el primer lugar y Adamir ganó también el primer lugar en Escritura Creativa, Nuestros corazones rebosaban de gozo, porque esas niñas que estaban atravesando conmigo todas esos momentos desagradables en nuestro hogar, eran recompensadas ahora con algo tan hermoso como esto. Ellas también habían permanecido fieles a Dios y se mantuvieron orando por su padre.

Cuando llegamos a nuestra casa mi esposo no había llegado de la calle. Puse los tres trofeos en la mesa del comedor y esperé a mi esposo despierta. Cuan no fue su sorpresa al ver aquellos trofeos tan grandes puestos sobre la mesa allí, le dije: Esta noche dos de tus hijas obtuvieron estos premios. Ellas ganaron esta noche a nivel nacional y tú no estabas allí para verlo, preferiste el premio que te da las drogas, que la felicidad del éxito de tus hijas. Él bajo la cabeza y reconoció que se había perdido uno de los momentos más emocionantes en la vida de sus hijas por la compañía de sus amigos adictos. Lamentablemente éste no sería el único evento que él se perdería de ver en la vida de sus tres hijas, por ir en busca de su amarga droga.

Luego de un tiempo una tarde mi esposo llegó temprano a nuestro hogar. Tenía unos papeles en su mano. Se sentó a mi lado y por su rostro supe que algo malo estaba ocurriendo. Me habló de esta manera. Estos papeles prueban que mi sangre ha sido contaminada con el virus de Hepatitis B y C, él se había sentido mal y sin decirme nada había ido al médico, quien haciendo unos estudios descubrieron que sufría esta terrible enfermedad.

La hepatitis C, es responsable de la inflamación crónica del hígado. Esta enfermedad se transmite através de las transfusiones de sangre y las inyecciones con agujas, que no han sido esterilizadas o por contacto sexual. El hígado desempeña 500 funciones distintas en nuestro cuerpo por eso la importancia de que se mantenga completamente sano.

Muchas veces los adictos en su adicción comparten agujas usadas entre ellos, como consecuencia muchas enfermedades virales son contagiadas de persona a persona. Ese fue caso de mi esposo y de la mayoría de los adictos de ambos sexos. Aquel día no tan sólo él trajo esa noticia, sino que me notificó que yo también tenía que ir a hacerme los análisis, porque el médico estaba seguro que yo también estaba infectada. Su noticia me conmovió grandemente, pero le asegure que yo no creía lo que el doctor decía respecto a mí. Lo que si pude notar no fue tanto el miedo por su enfermedad sino por la posibilidad de que yo estuviera contagiada tambien él me dijo: Si tú esta enferma, nunca me lo podré perdonar.

Le aseguré que Dios había prometido estar junto a mí y eso sería suficiente. Asistí al hospital y me hicieron los análisis y para tener los resultados tenía que esperar varios días más. Finalmente volví al medico y con los resultados en sus manos me hizo esta pregunta. ¿Qué espera obtener en estos resultado?. Y le conteste Que hayan salido negativos. ¡Así son tus resultados. Tuviste suerte, eres negativo!. Pero muy dentro de mí sabía que no había sido suerte. Había sido el Señor quien me había guardado. Proverbios 2:8 dice: *"Es el que guarda las veredas del juicio, y preserva el camino de sus santos"*. Y nos dice en 2-Timoteo 4:18 *"Y el Señor me librará de toda obra mala, y me preservará para su reino celestial. A él sea gloria por los siglos de los siglos, Amén"*. Pude ver la alegría en el rostro de mi esposo cuando le notifiqué que todo estaba bien. El doctor me dijo que dentro de seis meses debería hacerme la prueba nuevamente. Pero yo sabía que todo resultaría bien para mí. A los seis meses volví donde el médico para que ordenara la prueba otra vez obtuvo los mismos resultados. Dios había cumplido su palabra de guardarme. Él siempre permanece fiel. Nunca una palabra suya cae en tierra. Todavía hoy en día, le doy las gracias a Dios por haberme cuidado.

Este diagnóstico de mi esposo no cambió para nada su comportamiento. Cada día salía a inyectarse más y más cocaína y cada día yo seguía clamando a Dios por él y pidiéndole al Señor tuviera misericordia de su vida. La esperanza de una nueva vida estaba albergada en mí corazón. Cada año para el 31 de diciembre, mis hijas y yo nos íbamos a la iglesia a despedir el año junto con mi pastor y los hermanos. Esa iglesia estaba llena de hermanos llenos de amor, por nosotras y compartíamos todos juntos en una gran cena. Pero cuando daban las 12:00 a.m. de la noche y se despedía el viejo año y se le daba la bienvenida al nuevo. Nosotras nos tirábamos de rodillas, pidiéndole al Señor que este nuevo año que entraba fuera nuestro año de victoria. Eso lo hicimos por varios años.

En el verano de 1989 una amiga y hermana en Cristo, decidió irse para los Estados Unidos, escogiendo a Massachussetts como su estado de residencia. Una que otra vez me llamaba por teléfono y me decía. Myriam vente para acá. Al principio yo titubeaba y le decía que no estaba segura de hacer ese cambio tan drástico en la vida de mi familia. Continué meditando en cuanto a esto le oré al Señor y él me dio salida.

Una noche cuando mi esposo llegó a la casa le comuniqué la idea de venir a Massachussetts. Para mi asombro él tomó la idea con muy buena actitud y muy pronto estaba yo arreglando todo para nuestro viaje.

A mis hijas les encantó la idea, ellas querían conocer Norteamérica y siempre estaban hablando del viaje. Para mi no era muy fácil dejar nuestra querida isla, nuestra familia y amigos y dejar la congregación. Ya mis hijas habian crecido, y la expectativa de conocer nuevas personas y sobre todo sacar a mi esposo de los sitios donde vendían drogas nos producía mucha alegría. Sabía que todo esto era plan de Dios. Nos despedimos de nuestros familiares, amigos y hermanos de la congregación y partimos hacía un nuevo lugar. Nos establecimos en un pequeño pueblo de Massachussetts, llamado Southbridge. Nos gustaba mucho ese pueblito y muchos atardeceres lo caminábamos para conocerlo mejor.

Comenzaron las clases y mi hija mayor Adamir entró en la escuela superior. Lilliam entró a la escuela intermedia y Denisse a la escuela elemental. Al principio tuvieron un poco de problema para dominar el idioma inglés. Yo siempre les decía que Dios era el Dios de los idiomas y que debían orar para salir adelante. Ellas estaban acostumbradas a su idioma natal el español y ahora tenían que enfrentarse a que en la escuela, todo era en inglés. Pero muy pronto superaron todo esto y para mi sorpresa al cabo de unos meses ya estaban hablando muy bien el inglés. La más pequeña Denisse fue la primera en aprender. Claro ella tenía sólo 9 años de edad cuando llegó. Su mente estaba bien receptiva y me sorprendía todos los días, cuando llegaba hablando inglés bien fluido, me hacía reír escuchándola.

Después de tantos años de orar por mi esposo, vimos con mucho gozo que al llegar a este país y visitar la iglesia, él se reconcilio con el Señor. Fue un domingo en la mañana, pasando al altar para que oraran por él. Comenzó de nuevo a buscar de Dios. A orar y asistir a la iglesia. Todas nosotras estábamos muy contentas por el cambio que el Señor hizo en su vida. Mi esposo buscó ayuda médica para la enfermedad que contrajo en Puerto Rico por el abuso de las drogas. Yo tenia un ahnelo en mi corazón por muchos años y era el de verlo predicar otra vez y Dios me concedio ese ahnelo, porque al pasar del tiempo tuve el privilegio de verlo en el púlpito predicando, fue tan solo una vez pero Dios me regalo ese momento de volverlo a ver haciendo lo que a el le gustaba hacer.

Le hicieron toda clase de análisis confirmando el terrible diagnóstico dado en la Isla. Comenzaron conmigo también y volvieron a hacerme exámenes para verificar que me encontraba en perfecta salud. Todos los análisis que me hacían salían negativos ¡Gloria a Dios!

Pero la condición de mi esposo había empeorado mucho, tantos años envenenando sus órganos con el uso de tantas drogas habían dejado sus huellas en su cuerpo. Siempre nos manteníamos orando, esperando la sanidad del Señor para su vida. Pronto nos sorprendió el invierno y cuando cayó la primera nevada, nos quedamos boquiabiertos al ver la belleza de la nieve. Nuestro país es uno tropical, así que nunca habíamos visto la nieve. Recuerdo que Denisse salió afuera a jugar con ella. Yo la veía jugar y me parecía todo un espectáculo. Nos tuvimos que acostumbrar al frió del invierno y yo sobre todo a guiar en la nieve que para mí no era tan fácil. Para mi esposo no era nada nuevo ya que cuando era joven vivió unos años en Chicago.

Su enfermedad seguía avanzando y muy pronto tuvo que ser hospitalizado. Estuvo varios días en el hospital, hasta que se mejoró un poco. Volvió a la casa y nos manteníamos orando, todos los días por su salud. Ahora que mi esposo había abandonado las drogas y había vuelto al señor, disfrutábamos de su compañía. Mis hijas podían compartir más con él, y en la casa se respiraba un aire de seguridad y una armonía, que no queríamos perder por nada del mundo. Lo único que empañaba esa tranquilidad era su enfermedad. Habíamos salido de un infierno que duro unos diez años. Esos años no fueron nada faciles. Nos habíamos mantenido unidos todos esos años, gracias a la promesa que Dios, me había dado. Porque sabíamos que Dios cumple sus promesas. Y que algún día nos daría la victoria. Entonces, ahora nos enfrentábamos a un nuevo reto. Teníamos que orar y clamar al Señor para que él le sanara. Y así lo hacíamos todos los días. Después que las chicas se iban para la escuela, mi esposo y yo teníamos nuestro periodo de oración en la mañana, donde nos uníamos pidiendo a Dios por su sanidad.

Querido lector es muy importante mantener la fe en alto, aunque las cosas no marchen tan bien como quisiéramos. La Biblia nos dice en Hebreos 1:11 *"Es pues, la fe la certeza de lo que se espera, la convicción de lo que no se ve".* Por medió de la fe podemos ver las cosas antes que sucedan. Santiago 1:6 nos dice: *"Pero pida con fe, no dudando nada, porque el que duda es semejante a la onda del mar, que es arrastrada por el viento y echada de una parte a otra".* Así que según la palabra, debemos depositar toda nuestra confianza en el Señor, esperando con fe un milagro en su momento oportuno.

Con esa clase de fe, nos enfrentábamos todos los días al diagnóstico de los médicos. Pasaron algunos meses, y otra vez mi esposo tuvo que ser internado en el hospital. Este era un hospital muy grande y con los mejores doctores. Además es una Universidad de médicos. Los mejores doctores trataron a mi esposo. Estuvo unos días hospitalizado y mientras estuvo allí conocimos a un pastor de las Asambleas de Dios llamado Matilde Caballero, que estaba visitando a un miembro de su iglesia. Nos invitó a visitar su iglesia, cuando mi esposo se restableciera y así lo hicimos. Recuerdo ese domingo cuando le visitamos en la iglesia y luego nos invitó a su casa también. De visita en la casa estaba un evangelista puertorriqueño con el cual compartimos muy alegremente. Este hombre es un profeta de Dios, muy usado por el Señor. Mientras mi esposo hablaba con el Rev. Caballero, este profeta de Dios, comenzó a hablar conmigo diciéndome estas palabras. *"Tú tienes miedo que tu esposo se muera ¿verdad?*" Le conteste que sentía un poco de preocupación, porque los médicos le habían dicho a él que moriría de esta enfermedad. Él me dijo que quería hacer una oración por mí y comenzó a orar. Me mantuve en silencio mientras él oraba y le escuché decir estas palabras: *"Después que pase la prueba te bendeciré a ti y a tus hijas"*. ✓

Cuando él terminó de orar le pregunte que había querido decir Dios con eso y también le pregunte si Dios iba a sanar a mi esposo. Él se me quedó mirando y vi cuando dos lágrimas bajaron por su rostro y me contestó: *"Confía en Dios y míralo sólo a Él"*. Esta contestación de aquel hombre produjo en mi corazón cierto temor y dolor, pues yo quería que Dios sanara a mi esposo. No quería que él muriera. Ahora que él había vuelto a ser el hombre que conocí. Pero la realidad era otra, tiempo después y en su debido tiempo me enteré que Dios le había revelado aquél profeta que el Señor se llevaría a mi esposo con él. Cuando nos despedimos de todos y nos marchamos, aquél hombre le comunicó al Rev. Caballero estas palabras: *"El Señor me reveló que antes que se cumpla un mes Dios se llevará a ese hombre. Dios no me dejo decirle abiertamente a ella, esta noticia, porque ella no esta preparada para recibir esa noticia ahora"*. Debes orar mucho por ella y sus hijas. Esa profecía fue dada el 17 de noviembre de 1991.

Intensifiqué las oraciones por Adam, desconociendo esa gran verdad y esperando en que el Señor me escuchara y sanara a mi esposo. Le oraba constantemente a Dios por la salud de mi esposo, desconociendo los designios de Dios y su perfecta voluntad. Me aferre a la oración, como un naufrago se aferra a su table de salvacion. En mi vocabulario solo existian dos palabras que repetia todos los dias y estas eran: Señor, Sanalo!

Capitulo 7

El día que tuve que decir ¡Adiós!

"y mi espíritu se angustió dentro de mi; está desolado mi corazón"
Salmo 143:4

Este es un capitulo muy difícil de escribir, por lo doloroso de los eventos. Pero creo que cómo en aquella época, Dios esta conmigo para describir todos los eventos. La mañana del 28 de noviembre de 1991, fue muy atareada para nosotras. Era el día de Acción de gracias y estábamos preparando la cena tradicional. Mientras el pavo se cocinaba en el horno, preparábamos otros detalles, para que esa cena fuera perfecta. Teníamos invitados a cenar mi amiga la que hizo posible que yo viniera a vivir a los Estados Unidos, su esposo y algunos de sus hijos. Todos teníamos motivos suficientes, para dar gracias a Dios ese año. Especialmente para mis hijas y para mi, había muchos motivos. Dios había salvado a mi esposo, a mis hijas les iba muy bien en la escuela, nos habíamos mudado a un bonito apartamento y en ese día especial íbamos a compartir con nuestros buenos amigos.

Serví la cena y nos sentamos todos a la mesa, dimos gracias a Dios por tantos beneficios y nos dispusimos a saborear tan deliciosa comida. Observé a mi esposo y noté que casi no comía. Desde la mañana lo habíamos notado un poco raro, cómo si se le olvidaran las cosas. Le dije: Adam casi no has comido nada. Él me miró y me sonrío y siguió tan callado como hasta ahora había estado. Cuando terminamos de cenar nos sentamos todos en la sala a conversar, pero yo seguía viendo a mi esposo muy callado y dentro de mi corazón sabía que algo estaba sucediendo, porque él no era así. Ya para el atardecer se puso peor y mi amiga me dice: Myriam vamos a llevarlo al hospital, yo no lo veo nada bien. Llamé por teléfono a su doctor, le expliqué los síntomas que le veía y me dijo lo llevara inmediatamente. Cuando llegamos su doctor le estaba esperando y después de examinarle, me llamó a parte para decirme. Él no esta nada bien, tengo que trabajar toda la noche con él, para volverlo a la normalidad. Así que estará aquí varios días y luego se podrá ir.

Me despedí de él y con mucho dolor en mi corazón me fui a mi casa a explicarles a mis hijas lo sucedido. Al otro día cuando le fui a ver, lo encontré un poco mejor ya hablaba coherentemente, y me alegré, porque me lo quería llevar a la casa.

Antes que esto sucediera nosotros habíamos planeado un viaje para Puerto Rico para navidad y cómo el doctor le había dicho que él podía viajar pues compramos los pasajes de avión. Así que teníamos cinco pasajes. Para el 24 de diciembre. El tenía muchos deseos de ver a su mamá, que había estado un poco enferma. Así que la ilusión de él, era restablecerse y poder viajar y ver a su mamá. Luego sucedió lo siguiente.

Cuando le fui a visitar me dijo que el doctor lo dejaría ir a su casa al día siguiente. Así que al otro día fui muy contenta a buscarlo y cuando llegué, lo encontré sentado en una butaca, muy triste y muy desmejorado. Le dije: ¿Pero que esta pasando?. Tu estas en el hospital se supone que estés mejor ¿Cómo te sientes?. Él me contesto: No sé que pasa, me sentía bien pero hoy no me siento nada bien. Estas palabras de él y viendo la expresión de su rostro, me preocuparon mucho. En esos momentos, entró el doctor y nos dijo que no le podía dar de alta porque había amanecido con fiebre. Mi esposo me miró con mucha tristeza, yo sabía lo mucho que él deseaba regresar a su casa. Pero para animarle un poco yo le dije estas palabras: Mira, no te pongas triste. Esto es lo que yo voy a hacer. Me voy a ir ahora a la casa y voy a preparar ropa para venirme a quedar aquí contigo. ¿Te gusta la idea?. Él me contesto: ¿Cómo no me va a gustar. Pero yo no le dije esto solo para animarle. Era que yo sentía algo muy profundo, dentro de mí que las cosas no andaban bien. Regresé a la casa. Tomé algo de ropa y hable con mis hijas y les dije: Adam esta un poco delicado y yo me voy, para estar con él. Adamir, nuestra hija mayor tenía 19 años. A ella le encargué el cuidado de las demás. Lilly tenía 17 años y Denisse 11 años. Gracias a Dios que mucho tiempo atrás yo les había enseñado el cuidado de una casa. Como cocinar, limpiar etc. Les dije que continuaran asistiendo a la escuela, como si yo estuviera en la casa. Yo no sabía cuantos días iba a durar esto y que yo no regresaría hasta que lo trajera a él de vuelta. Hablé con amigos cristianos para que estuvieran también pendientes de ellas y noté que mi hija más pequeña comenzó a llorar por su padre. Eran momentos muy amargos para nosotras, aunque nunca el pensamiento de su muerte cruzara por nuestras mentes.

Fue muy amargo para mi despedirme de mis tres hijas y dejarlas solas en un momento tan crucial para nosotras. Prometí llamarlas todos los días, y siempre cumplí mi palabra. Tuve que tomar todas esas medidas, porque el hospital quedaba en otra ciudad a media hora del pueblito donde vivíamos y para colmo nuestro auto estaba averiado. Así que le pedí el favor de llevarme a la maestra de mi hija mayor, que con mucho gusto me ofreció su ayuda. Llegué al hospital y pude ver alegría en el rostro de mi esposo, cuando me vio. Le dije que iba estar con él el tiempo que fuera necesario, hasta que finalmente, me lo pudiera llevar a la casa. Pasaron varios días y una mañana, vinieron a buscarme a la habitación, me llevaron a una oficina grande, donde habían tres doctores, pude reconocer a dos de ellos, cómo los médicos de mi esposo.

Ellos me dijeron que no tenían buenas noticias para mí. Dijeron que la condición de él no era buena y que le quedaba un mes de vida. Salí de aquella habitación sin creer, lo que me estaban diciendo no hablé de esto con mi esposo. Una tarde mi esposo quiso levantarse de la cama y dar un paseo por el hospital; así que le acompañé, después de dar la caminata, se detuvo frente al elevador, le pregunte porque se detenía y me dijo: ¡Llévame para la casa, no quiero estar aquí! ¡Por favor llévame a la casa!. ¿Se pueden ustedes imaginar mi tristeza al oír esas palabras?. Le dije que yo no podía hacer eso, sin consentimiento del doctor. Tuve que disimular, el dolor que atravesaba mi corazón en esos momentos.

Al llegar a su habitación se sentó en la cama, se me quedó mirando y me dijo: ¡A mi se me llegó mi hora, yo me voy a morir! Le dije que no hablara así, que a él no se le había llegado su hora. Que no se desanimara, que esperara en el Señor, que se mantuviera optimista. Pero él sabía muy bien lo que estaba pasando. Yo no quería escucharlo decir eso. Se acostó en la cama y se durmió.

En unos días estaba yo en la misma oficina que había estado antes rodeada de médicos y uno de ellos, me dijo: ¡Nosotros te dijimos que a tu esposo le quedaba un mes de vida, pero ahora sentimos mucho, decirte que a él no le queda un mes, sino una semana de vida. Me sentí aturdida, no podía creer que aquellos médicos, me estuvieran hablando a mí, sencillamente no lo podía creer. Y así se los comuniqué. Le dije que yo creía en un Dios poderoso que podía sanarlo, que yo estaba esperando un milagro de Dios y terminantemente les dije que Dios podía ponerle un hígado nuevo. Uno de ellos me miro, con mirada compasiva y me dijo: Si señora, solo un milagro podría salvarlo, un milagro. Había una trabajadora social en aquella habitación con los médicos. Y cuando terminó la reunión ella me llamó a solas y me dijo: Debes estar preparada para esto. No debes de cerrar tu mente a que él morirá. Debes preparar a tus hijas para enfrentarse con esta posibilidad. Aquella mujer me dio palabras de aliento, lo cual le agradecí. Pero en esos momentos yo no quería oír que él se estaba muriendo. Yo tenía una fe muy grande puesta en Dios, definitivamente desconocía los planes del Señor en este asunto. Mi corazón me decía que debía seguir luchando que debía seguir intercediendo. Pero las palabras de los médicos causaron tanta tristeza en mí. Ese día lloré hasta no tener más lágrimas.

Para mí eso no podía ser una victoria. La victoria que yo me imaginaba y por la cual había estado esperando diez largos años, era verlo restablecido completamente tanto del vicio de las drogas y de salud física. Lo de las drogas había ya pasado y ahora cuando estábamos disfrutando de su sobria compañía los médicos me decían que él se estaba muriendo, esto no podía ser verdad.

Me negaba rotundamente a aceptar esa realidad. Muchas veces mientras mi esposo dormía, me ponía a orar y a pedirle a Dios que le sanara. Desde que escuché la terrible noticia de los médicos, intensifiqué mi oración. Casi siempre estamos solos los dos y por las noches amigos y hermanos venían a verlo también mis hijas venían. Con las pocas fuerzas que le quedaban, hablaba con ellas y compartían lo que sería sus últimos momentos cómo padre e hijas. Pasó otra semana y una noche vinieron mis hijas a visitarlo. Uno de los médicos quiso hablar conmigo y salí de la habitación. Mi hija Lilliam nos siguió. Ella quería preguntarle al médico sobre su padre. Él muy cautelosamente le dijo: Tu papá necesita un nuevo hígado, para poder vivir. Ella contestó: Pues entonces toma el mío pónselo a él, yo le doy el mío. Pónselo a él. Aquel médico con lágrimas en sus ojos le contestó. Yo no puedo hacer eso. Porque si yo hago eso, te mataría a ti. Tal vez ella en su desesperación confundió los riñones con el hígado y pensó que podía donar uno. Al oírla decir esto se me formó un nudo en la garganta y tuve que aguantar los deseos de llorar. Tan grande era el amor de su hija por su padre que estaba dispuesta a donar un órgano suyo para que él viviera.

Esa misma noche, después de varias horas, Lilliam estaba cerca de su papá. Él hizo un movimiento brusco con su brazo y la aguja que enviaba el suero a su sangre se salió. Ella en un momento quiso corregir aquello y sin pensar recogió la aguja del suelo, enterrándose la aguja en su dedo, sintió dolor y su dedo comenzó a sangrar. Todas nos quedamos muy alarmadas, porque su sangre había tenido contacto directo con la sangre de Adam. Llamamos al médico el cual también se alarmo. Esto podía causar que Lilliam fuera contaminada de Hepatitis C. Se la llevaron rápidamente al laboratorio y en las caras de las enfermeras se podía ver su preocupación. Le pusieron una vacuna e hicieron varias pruebas con ella, luego nos dijeron que esas pruebas tendría que repetirlas cada tres meses por un largo tiempo. De más esta decir como esto me llenó de angustia, pensar que mi hija pudiera estar contagiada de esa enfermedad. Pero una vez más Dios dejó demostrado su poder en nuestras vidas como él cuido de mi hija y de todas nosotras también. Había un cerco de protección para mí y mis hijas. Dios cumplía su palabra cuando dijo En el salmo 91:10 *"No té sobrevendrá mal, ni plaga tocará tu morada"*. Todas las pruebas que le hacían a ella salían negativas. En cierta ocasión Dios le hablo a Lillam por alguien y le dijo, *"Tu no sabes cuantas veces yo te he librado a ti, de la muerte"*. Confirmando una vez más el cuidado que Dios tuvo de ella. Hoy en día Lilliam es una esposa y madre que alaba a Dios através de la música y hace poco sacó su primer disco de alabanza.

No tan solo Dios libro a Lilliam sino a mis otras dos hijas también Adamir y Denisse. Todas estuvimos bajo ese cerco de protección en esos momentos en que atravesamos en el valle de sombra y muerte. El viernes 13 de diciembre mi esposo amaneció bastante desmejorado y el doctor me comunicó que tenía un derrame interno de sangre. Me dijo que si yo le firmaba unos papeles, él ordenaría suspender todo tratamiento. Porque para él mi esposo no tenía remedió. Miré a aquél médico y le conteste, que yo me negaba rotundamente a que se le suspendiera el tratamiento. Entonces él ordenó ponerle otra transfusión de sangre.

Yo no estaba dispuesta a darme por vencida. Yo estaba esperando un milagro de Dios, su voluntad para con su vida. Desde aquel momento vigilaba cada movimiento de los médicos y de las enfermeras. Yo no estaba dispuesta a aceptar su muerte y toda esa noche del viernes me la pasé despierta, orando y clamándole a Dios. Caminaba por la habitación y mientras oraba ponía mis manos suavemente sobre él, mientras dormía. Cuando estaba para amanecer sentí la necesidad de pedirle a Dios una ayuda especial y le dije: Señor este clamor es bien intenso, por favor envíame ángeles para que me fortalezcan. He estado sola clamando toda la noche, pidiéndote que sanes a mi esposo, necesito hagas eso por mí. Unos minutos más tarde, mientras le decía al Señor. ¡Tu lo tienes que sanar. Algo estremeció mi cuerpo, Una sensación de paz inundó aquella habitación me di cuenta, que detrás de mi había un ángel, no lo podía ver pero lo sentía a tal grado que me di vuelta y le dije. ¡Gracias por venir a ayudarme en esta lucha. Muchas gracias, yo sé que estás aquí. No puedo verte pero te siento! Algo sobrenatural estaba sucediendo allí., minutos antes le estaba rogando a Dios que le sanara, ahora mi oración cambiaba y le dije ¡Señor hágase tú voluntad y no la mía. ¡Yo quiero que lo sanes, pero que sea tu voluntad!. Al día siguiente era sábado día 14 de diciembre y mi esposo amaneció en estado de coma. Traté de despertarlo, le llamé varias veces, pero él no me respondía. Entró el médico y le pregunte, si eso era estado de coma. Él me pregunto si yo lo había llamado, si lo había tratado de despertar, le contesté que si. Él me dijo: Eso es estado de coma Yo te lo dije, que eso iba a pasar. Está sucediendo todo cómo yo te dije que pasaría!.

Otras tantas veces más traté de despertarlo, no quería que estuviera así, pensaba, si sigue así se me va a morir. Todo el sábado lo pasó en estado de coma. A atardecer llegó, mi amiga Iris, ella me dijo: Yo estaba en mí casa cocinando y el Señor me dijo que viniera a estar contigo toda la noche. Yo había permanecido sola con mi esposo tantos días que cuando la vi, sentí gozo en mi corazón, porque ella iba a estar acompañándome esa noche. Le conté la condición de él, y nos mantuvimos orando casi, toda la noche. Cuan agradecida estaba con ella de que hubiera obedecido la voz de Dios de esa manera. Cuando amaneció, mi amiga insistía que desayunara, pero yo no tenía ánimos para comer nada. Estaba muy preocupada por mi esposo, para comer. Era domingo 15 de diciembre de 1991. Era una mañana muy hermosa aunque había nevado en la noche, ahora la luz del sol, entraba por las ventanas.

Mi esposo permanecía en coma y sentada en la butaca, observaba el rostro de él. Se veía tan apacible, parecía que estaba dormido. A las 8:40 de la mañana, mientras lo estoy mirando, observé que tenía dificultad para respirar y salí de la habitación a pedir ayuda. En eso los médicos que estaban bien pendientes de todo vinieron. Lo examinaron y uno de ellos me dijo: Señora llegó el momento. Definitivamente yo no quería escuchar esas palabras y les dije: Ayúdenlo, él todavía esta respirando, por favor ¡Ayúdelo! El doctor vuelve a decirme, que él se estaba muriendo. Tomé la mano de mi esposo y comencé a hablarle a él. Estas fueron mis palabras: *Mira Adam no oigas a estos doctores, cuando dicen que tu estas muriendo tu no puedes morirte. ¡Por favor lucha por tu vida, no te mueras! Yo he estado siempre contigo en momentos difíciles hemos estado juntos. Ahora por favor te pido que no te mueras".*

Mientras estoy diciéndole esas palabras, una enfermera que estaba a mi lado, me tomó por el brazo y me dijo estas palabras: *¡Myriam, déjalo no le digas eso. Déjalo irse con el Señor. Él se quiere ir con él, pero cuando te escucha a ti, no puede irse. Déjalo irse en paz!.* Cuando ella terminó de hablar mi esposo abrió sus ojos y me miró y con aquella mirada pude entender, el propósito de Dios para su vida. Él estaba preparado para emprender su viaje. Entonces algo sobrenatural vino sobre mi. Fue cómo si Dios, me pusiera un vestido de fortaleza y le dije: *Esta bien Adam, te puedes ir con el Señor, yo voy a estar bien no te preocupes, puedes irte a descansar, te puedes ir, cuando quieras, todo va a estar bien".* Al escuchar mis palabras cerró sus bellos ojos azules, respiró profundo y se fue con su creador. El estaba muy seguro de su salvación. Él sabía que el Señor había perdonado sus pecados y de esto queda cómo testimonio, las palabras del Rev. Caballero, cuando el día de su velorio, me dijo: que Adam, lo había llamado al hospital en los primeros días de su hospitalización para decirle, que él sabía que se iba con el Señor, que esto era ya lo último.

El Rev. Caballero preguntó ¿Adam tú estas seguro de tu salvación?. Él contesto: Ya he arreglado mis asuntos con Él. Yo sé para donde voy. Sé que él viene por mí. Pero por favor, ore mucho por Myriam, no quiere entender que yo me tengo que ir. Definitivamente, él sabía lo que estaba por acontecer, ya Dios lo había preparado para ese momento, bendito sea Dios.

Inmediatamente despues de su partida llamé a unos hermanos que vivían en el mismo pueblo y les pedí que fueran a buscar a mis tres hijas y las trajeran al hospital, pero que no le dijeran que su padre había muerto. Yo quería darles esa noticia personalmente. Luego llamé a mis hijas y les dije que estos hermanos irían a buscarlas, para venir a visitar a su padre. El doctor dio órdenes de que dejaran el cadáver en la habitación, hasta que llegaran mis hijas. La recomendación del doctor fue que ellas debían verlo allí, antes de llevarlo a nuestro país, Puerto Rico. Me quedé en la habitación con él, observando a aquél hombre que había sido mi esposo por veinte años y por el cual había librado una tremenda batalla por espacio de 10 años. Por el que había llorado y gemido ante Dios por tanto tiempo y que por largo tiempo había esperado una victoria. Pero a mi esto no me parecía una victoria, más bien parecía una derrota. Para mi no había victoria en su muerte. Por lo menos eso era lo que yo pensaba en ese momento. En esos pensamientos estaba, cuando llegó la enfermera, para prepar el cuerpo de mi esposo. Me pidió que saliera de la habitación, para ellos poder trabajar con él. Le pregunte que iban a hacer ellos con él, ella me explicó que primero lavarían su cuerpo, para lo cual había entrado un enfermero con ella. Luego de lavarlo lo identificarían o sea pondrían su nombre en una cartulina que luego lo pondría en su pie derecho.

Le dije a la enfermera que yo quería lavarlo, que quería hacer eso último por él. Me pregunto si estaba segura de poder, si tenía valor para hacerlo y le dije que Sí. Lentamente comencé a lavar su rostro, mientras grandes lágrimas bajaban por el mío. Pero en medio de todo aquello, la fortaleza del Señor, estaba conmigo. Era algo inexplicable, pero sabía que era real, yo lo estaba sintiendo a él. Dios estaba en esa habitación. Luego de esto llegaron mis hijas y el doctor las metió en otra habitación cerca de la habitación de mi esposo, y me avisó que ya ellas estaban allí. Hice una pequeña oración y le pedí a Dios, todavía más fuerzas para decirles la verdad a mis tres hijas. Me paré en la puerta respire profundo y me encamine hacia esa otra habitación. Cuando mis hijas me vieron vinieron rápido a preguntarme por su padre. Tenia que enfrentarme a mis hijas con valor y aunque me temblaban las piernas, tendria que hablar con ellas con mucha cautela. Pero como se hace eso? Nadie te enseña a dar noticias como esas, es la noticia que ninguna madre le quiere decir a sus hijos, decirle que su padre ha muerto. Esa ha sido, hasta ahora la mas dificil noticia que he tenido que comunicar a alguien. Pero les digo algo; en aquellos momentos tan difíciles pude experimentar las fuerzas que vienen de lo alto, fuerzas que solo pueden venir de Dios. Sabia que Dios estaba presente en aquel hospital, que El estaba pendientes de nosotras, de nuestro dolor, ante aquella terrible situacion. Sabia que Dios estaba en control de todo, lo cual le agradecia desde lo mas profundo de mi herido Corazon.

Mami, ¿Cómo esta papi?. Nos dijeron que lo estaban bañando. Y que por eso debíamos esperar aquí Me dijo una de ellas. Entonces miré a mi hija mayor y observé que tenía un sobre en sus manos, rápidamente supe lo que era. ¡Una tarjeta de navidad! ¡Oh Dios mío, ayúdame ahora! Las mire a las tres y con profundo dolor les dije, en contestación a sus preguntas de cómo estaba su papá. Su papá, se fue con el Señor él esta bien ahora. Ellas comenzaron a llorar, esa no era la respuesta que yo hubiera querido darles, ni la respuesta que ellas querían oír. Ellas querían ver a su papá vivo y sano, como yo, pero la que traía la postal de navidad Adamir me dijo: *"Mamí él no puede estar muerto mira, yo le traje esta postal de navidad. Papi tiene que leerla, él tiene que leer lo que yo le escribí aquí"*. Pueden ustedes imaginarse esa escena. Fue un momento muy triste y doloroso para todas. Trataba de consolarlas diciéndoles que ahora él se encontraba en el cielo y que ahora no sentía dolor, ni sufrimiento, pero definitivamente eso no es suficiente para alguien que acaba de peder a su padre.

El doctor me dijo que las pasara una a una a ver a su padre. Le pregunte si eso era conveniente y él me contesto: *"Que si, pasaran muchos días hasta que ellas lo vean, allá en Puerto Rico. Será mucho mejor que lo vean ahora"*. Así se lo comunique a ellas, y la primera en entrar al cuarto fue mi hija mayor Adamir. La dejé unos instantes sola con él. Luego, ella salió para entrar Lilly y también la deje a solas con él. Cuando volví a entrar ala habitación la encontré aferrada a su cuerpo, llorando y diciéndole: *"Papí, despiértate tú no nos puedes hacer esto. Por favor papi despiértate"*. Me acerqué a ella y le dije: Lilly, déjalo, él ya no puede escucharte, ya él está en el cielo, déjalo que descansé tranquilo.

Al verla tratando de revivir a su padre y llorando de esa manera que lo hacía, me rompió el corazón. Por último entró Denisse quien solo tenía 11 años de edad. Me daba tanta pena y dolor que ella perdía a su padre tan pequeña, que no hubiera tenido suficiente tiempo, para compartir con él, que aun después de tanto tiempo y mientras escribo estas líneas, lágrimas salen de mis ojos. Luego de salir de la habitación les dije a las tres, que me esperaran en la otra habitación, y volví para estar con mi esposo. No me quería alejar de el, no quería dejarlo sólo. Así fue como vi, cómo lo metían en una bolsa plástica negra. Subieron la cremallera y comenzaron a sacarlo del cuarto. En voz baja le dije: ¡Te veo en unos días!. Agradezco muchísimo a mi otra amiga Susy que al llamarla desde el hospital y decirle que Adam había muerto, vino muy pronto al hospital,. Ella se hizo cargo de hablar a la funeraria y hacer todos los arreglos necesarios. Después en la noche me llevo al aeropuerto de Boston, para cambiar todos los pasajes que teníamos para el día 24 de diciembre. Teníamos que ir hasta allá por que la línea aérea tenía que devolverme todo el dinero y luego comprar con ese mismo dinero los nuevos pasajes para lo más pronto posible. Gracias a que ya yo tenía el certificado de defunción pude probar que se trataba de una verdadera emergencia.

Se hicieron todos los preparativos para llevarlo a su patria Puerto Rico, y también quedaron arreglados todos los trámites para en dos días, salir con mis hijas hacia la isla. Cada paso que tenía que dar veía la mano de Dios ayudándome en todo. Todo caía como un rompecabezas, cada pieza en su lugar, gracias a Dios. Toda mi familia me esperaba para estar conmigo en aquellos momentos. Mi hermano Tony Fonseca se encargó de todos los servicios funerarios. Gracias hermano; por una vez más demostrarme tu amor. Fuiste de mucha ayuda para mi en esos momentos. Dios te bendiga! Toda mi familia fue de gran bendición para mí.

Uno de los momentos más impresionantes es el momento, cuando llegué a la funeraria y por primera vez tengo que verlo dentro de aquél ataúd, caminar con mis hijas por aquél pasillo hasta tenerlo frente a mi y volver a contemplar su rostro. Muchas veces se hace imposible aceptar que un ser querido se halla marchado, hay muchas preguntas sin respuestas o por lo menos están ahí, pero no las puedes ver. Las palabras de consuelo, suenan huecas o vacías. Las personas tienen muy buena intención al venir a darte, consuelo con sus palabras, pero esas palabras no traían alivio a mi entristecido corazón. Mi consuelo vino directamente de Dios, mi fortaleza en esos momentos vino del cielo. Mi socorro vino de Jehová. En esa misma noche algunas de mis preguntas obtuvieron respuestas, con la visita de aquél profeta de Dios que se le había revelado lo que pasaría con mi esposo. Él me explicó algunas cosas que yo no sabía. Y me confirmó que mi esposo se había ido con el señor. Pero dentro de mi Corazon existia una pregunta que nadie podia contestarme, el unico que lo podia hacer era Dios, y esa pregunta daba vueltas en mi cabeza todo el tiempo, nadie, solo Dios podia contestarla y yo queria respuestas, querian que me explicaran porque me habia quedado viuda siendo aun tan joven.

Esa noche al acostarme a dormir, todavía quedaba esa pregunta sin respuesta, pero solo cuestioné de esta manera: Señor, *"Por qué no lo sanaste? ¿Por qué tenía que morir?* Esa misma noche el Señor me contestó la pregunta através de un sueño. Él me mostró todo lo que pasaría, si él no se lo llevaba ahora que finalmente él estaba preparado. Dios había tomado la mejor decisión para él y para mí. A la mañana siguiente medité en el sueño que había tenido y supe que era la respuesta de Dios. Supe que *"aunque hay victorias que parecen derrotas. Estas siguen siendo victorias".* Supe que sí había tenido victoria sobre el enemigo porque se había salvado su alma y eso es lo que en verdad importaba. Su vida valía mucho para mí, pero su alma valía más para Dios. Después de ese sueño, tuvo consuelo mí corazón, porque supe que esa era la perfecta voluntad de Dios para nuestras vidas. Porque hay misterios que a simple vista no podemos ver o entender, vemos las cosas con nuestra mente carnal y finita. Entonces cuando le pedimos a Dios que nos enseñe y nos muestre esos misterios, él nos tiene que abrir nuestros ojos espirituales, nos tiene que dejar echar una mirada en el mundo espiritual y esos misterios son revelados a nosotros para nuestro bien espiritual. Aquella noche, Dios me dejó echar un vistazo en el mundo espiritual y lo que vi me hizo darle gracias a él, por habérselo llevado. Dios me demostró que tenía cuidado de mí, que siempre estaría ahí, para protegernos a mis hijas y a mí, ¡Gloria a Dios! El me mostró que si El sanaba su cuerpo, mi esposo volvería al vicio de las drogas. Dios intervino para salvar el alma de mi esposo, antes de que el enemigo la destruyera.

Al otro día en el último culto fúnebre mi hermano Tony me cedió la palabra para hablarles a las personas en la funeraria. Faltaban pocos minutos para salir al cementerio allí con la fortaleza que sólo Dios sabe dar. Comence a decirles estas palabras;

A aquellos personas que le amaron y a todas aquellas personas que nos acompañan aqui Muchos de ustedes no conocen al Señor, como su salvador. Les digo que yo estoy segura de volverle a ver algún día. Que yo volvería a ver a aquellos ojos azules tan hermosos y que si ellos querían volverle a ver tenían que aceptar al Señor como su único salvador personal. Después de esto nos dirigimos todos al Cementerio Nacional de Puerto Rico. Este Cementerio pertenece a los Estados Unidos y solo son sepultados aquí personas que han pertenecido al ejército americano y sus esposas. Para nosotras fue de gran honor poderle sepultarlo en aquel bonito cementerio.

Al terminar la ceremonia y tenernos que marchar de aquél lugar lo hacía con agradecimiento a mi Señor, que me hubiera concedido el honor de ser su esposa y ahora su viuda. No le dije adiós, sino ¡Hasta luego!. Nos veremos en la mañana. En aquel dia maravilloso, en que Jesús regrese por su iglesia, y los muertos en Cristo resucitarán primero. Y nosotros seremos transformados y tendremos cuerpos renovados por Él. Entonces todos nos encontraremos en el cielo y nos gozaremos juntos otra vez como lo hacíamos en la tierra. En el cielo el Señor enjugará toda lagrima no habrá más dolor. Que esperanza tan maravillosa será estar en la presencia de aquél que nos amó, hasta la muerte, que dio su vida en rescate de toda la humanidad ¡Aleluya!

Yo estoy segura de que veré a mi esposo otra vez, y sobre todo de ver a mi Señor Jesucristo. ¿Estas tú seguro de verle?. Si no lo estas, todavía confiesa a Jesús cómo tu salvador y pídele perdón por tus pecados.

Dile que estás dispuesto a servirle para siempre y amarlo con todo tu corazón. Él dice: *"Si alguno viene a mi, yo le echo fuera"*. Aprovecha esta nueva oportunidad que te da el Señor, para allegarte a él en humildad. Si el vicio de las drogas está destruyendo tu hogar y tu familia, clama a Dios el cual tendrá de ti misericordia. Seguramente tú no querrás dejar a tus hijos huérfanos y a tu esposa viuda. Ellos te necesitan, tus hijos necesitan de ti que los cuides en los momentos más importantes de sus vidas. A mis hijas les faltó eso. Yo tuve que ser madre y padre para ellas y no fue nada fácil. Solo con la ayuda de Dios pude lograrlo por lo cual le doy toda la gloria a Dios, mi Señor y mi Salvador.

CAPITULO 8

Creyéndole a Dios

"y daré por respuesta a mi avergonzador que en tu palabra he confiado"

Salmo 119:42

Luego del funeral el 22 de diciembre de 1991, fui invitada por mi Pastor para predicar en una iglesia cercana. La invitación estaba programada para el día 24, día de nochebuena o víspera de Navidad. Acepte con gozo tal invitación, porque aunque todavía no podía acostumbrarme a que era viuda a la edad de 39 años, era una oportunidad para demostrarle al diablo, que no estaba vencida, que por el contrario, era una mujer victoriosa. Hice a un lado mí pena y prediqué en aquél lugar con toda la fortaleza del Señor. Sentía la unción del Espíritu Santo, corriendo por todo mi cuerpo. Su presencia era muy real aquella noche y una vez mas supe que Dios me había llamado. Hablé de mantenerse firme en cualquier circunstancia de la vida, no importando la prueba o la adversidad, Dios estaría presente para sacarnos con bien de esas circunstancias.

A través de toda esta prueba yo aprendí muchas cosas, pero la más importante para mi fue aprender a creerle a Dios. "Si él dice que lo va a hacer; creer que él lo hará". Aprender a esperar en Él. No es fácil aprender a esperar, todos queremos que las cosas se solucionen pronto, nadie quiere esperar por mucho tiempo. pero sabes una cosa? El tiempo que Dios se tarde en responder es el tiempo que nos tardamos nosotros en aprender la lección todo es un proceso; hace falta tiempo para madurar y ser hombres y mujeres verticales. Hace falta tiempo para asimilar lo que Dios quiere que aprendamos. Algunas veces Dios permite la prueba para sacar lo mejor de nosotros, permite que seamos exprimidos para que demos aceite de calidad no de segunda o de tercera. Sino de primera, aceite de oliva virgen, y para eso tenemos que ser exprimidos, tenemos que ser quebrantados, claro que es difícil, a nadie le gusta ser quebrantado, ser moldeados pero es la única manera que saldrá aceite virgen para ungir a los demás. Luego de esto todo lo que toques olerá a aceite, por donde quiera que pases dejarás el olor inconfundible del aceite del cielo. De seguro en esta transformación, llorarás muchas veces gritaras al Señor que te saque de la prueba que te deje tranquilo. Pero todavía no conviene que te saque de ahi todavia tienes que aprender a depender en su criterio. Tú no metes un pan al horno y lo sacas en cinco minutos, lo dejas hasta que se halla hecho, hasta que se pueda comer, se tome el tiempo que se tome, no lo sacas hasta que está listo. Así es Dios con nosotros nos transforma hasta que siente su aroma en nosotros, ese olor agradable hará que la gente quiera oler de la misma manera. Serás de inspiración a otros, querrán tener lo que tu tienes. Pero hay que dejarlo a Él obrar, no podemos poner condiciones, se hará cómo el dice, se calentará el horno a los grados que él quiera se ajustará la prensa de aceite al nivel que sea necesario, solo para sacar lo mejor de ti.

Cuantas veces yo misma le dije al Señor que me sacara de aquella prueba, cuantas veces con llanto le pregunté, si todavía se acordaba de mí, pero no, fue cuando él quiso, pasaron 10 largos años, para alcanzar una victoria, y se tomó el tiempo que él quiso que se tomara. En 1 de Corintios 2:16 nos dice: *"Porque ¿Quién conoció la mente del Señor? ¿Quién le instruirá? Más nosotros tenemos la mente de Cristo"*. En Isaías 40:13-15 nos dice: *"¿Quien enseñó al Espíritu de Jehová, o le aconsejó enseñándole? ¿A quien pidió consejo para ser avisado? ¿Quién le enseñó el camino del juicio, o le enseñó ciencia, o le mostró la senda de la prudencia?"*. Como ves él lo sabe todo, sabe lo que necesitamos para estar listos y alcanzar la victoria.

Luego de esto el día 31 de diciembre, tuve el honor de estar predicando en otra iglesia de mi país donde una vez más mis hijas y yo ondeamos la bandera de la victoria, donde la fortaleza del Señor hacía posible que personas que recientemente habían perdido un ser querido se levantaran, para seguir predicando a Cristo, por su gracia y fuerza. El predicar en esas iglesias fue para mi como encontrar un oasis en el desierto, eso llenó mi vida de inspiración y si el diablo se creía que al morir mi esposo, todo había terminado para mi o si pensaba que yo me iba a sentar en un rincón amargada o revelándome contra Dios por habérselo llevado, estaba bien equivocado él mismo no sabía cuán equivocado estaba.

Dos semanas más estuve en la isla y luego regresé a mí hogar en Massachusetts, con mis tres hijas. Esta vez todas nos enfrentaríamos al futuro, una vez más teníamos que aprender otra lección. De ahora en adelante tendríamos que aprender a vivir, sin él. Ya no escucharíamos más su voz en la casa, ni su risa o sus bromas que nos hacían reír. No sería nada fácil, nada sería igual sin él, pero teníamos que lograrlo, él lo hubiera querido así, teníamos que superarlo; y para eso teníamos al Señor quien sana las heridas de nuestros corazones y nos da su maravillosa fortaleza. Uno de los momentos especiales en que Dios me consoló, sucedió el próximo día de las madres después de su muerte. Mi hija Lilliam compró una postal del día de la madre y dentro de ella había una carta que había escrito para mí, y ella me decía estas palabras:

"Yo sé lo mucho que hemos sufrido, pero también sé lo mucho que Dios nos ha bendecido. Porque cuando pasábamos por el Valle de sombra y muerte, ahí siempre estaba la mano del todo poderoso, dándonos las fuerzas para seguir hacía adelante. Yo sé las muchas veces que en tu cuarto solitaria te encerrabas y llorabas. Pero hoy madre te digo que nuestras oraciones fueron contestadas todas y hoy con gran gozo podemos glorificar al todo poderoso. Porque ese día en la mañana mientras el sol brillaba, Papi partía con el Señor. Sabemos que para el diablo fue una derrota, pero para Dios y nosotras fue una victoria. Ese día hubo fiesta en el cielo y hoy te digo Mami mientras tu vivas y aunque, Papi no esté aquí con nosotras siempre, siempre estará su amor unido con el tuyo y algún día le veremos y reiremos junto con él y con nuestro padre celestial. Hoy solo te pido que no estés triste porque hoy es tu día y con toda alegría te deseo el mejor día de las madres y que siempre mientras tu nos tengas seas feliz porque mientras tú vivas nosotras te haremos feliz.

Unidas a ti, con la misma alegría y con la misma sonrisa que siempre a pesar de todo ha permanecido entre nosotras.

Te Amo Mucho
Tu hija Lilly"

Definitivamente Dios utilizó esas palabras que brotaron de una hija agradecida de su Señor para decirme que debía seguir adelante, porque tenía muchas razones para hacelo. Durante 15 años guardé esa hermosa carta entre mis cosas más valiosas y ahora al escribir este libro la he querido compartir con ustedes. Siempre supe que esas palabras venían de parte de Dios para fortalezerme. Fue muy duro por lo que mis tres hijas pasaron, solo ellas pueden hablar de eso. Por tal motivo le pedí a ellas que me contaran sus vivencias y sentimientos acerca de su padre.

A continuación leeran lo que mi hija mayor, Adamir sintió al tener que vivir con un padre adicto a las drogas. Este es su testimonio.

"Quien iba a imaginar que cuando vine al mundo, mi padre en seis años iba a volver al vicio de las drogas. Los primeros seis años de mi vida fueron los mejores de mi niñéz. Recuerdo las navidades en familia y por supuesto los regalos que nos obsequiaban. Tambien recuerdo aquel viaje a los Estados Unidos cuando tenía cuatro años con mis padres y mi hermanita Lilly. En esa ocación visitamos Disney World, luego tambien visitamos Disneylandia en California, nos divertimos mucho, todo era felicidad y alegria.

Recuerdo con nostalgia nuestra casa, como jugábamos en el patio y nos divertiamos en nuestro mundo de felicidad. Como me gustaria volver a entrar por la puerta de aquella casa, caminar por los pasillos, subir y bajar por las escaleras que conducían a nuestras habitaciones y volver a mecerme en el columpio del patio, que nuestros padres nos habian comprado. Pero lamentablemente todo eso ya quedó atrás. Ese mundo la felicidad nos duró tan poco, y ya solo vive en nuestra memoria.

Al principio yo no entendia bien lo que pasaba, pero rápidamente mientras crecía empecé a sentir y a sufrir las consecuencias de las malas decisiones que mi padre habia tomado. Esta experiencia definitivamente me robó mi niñéz y me hizo madurar antes de tiempo.

Lo que hizo la diferencia en mí y lo que hizo que hoy en día sea una mujer responsable, respetable, con valores morales y espirituales, fue la educación cristiana que mi madre nos inculcó. Ella en todo momento confió en Dios y tuvo la fe y la certeza de que Dios libertaría a mi padre. Mis hermanas y yo la acompañábamos a las iglesias cuando a ella le tocaba predicar o contar su testimonio. Ella ha sido un ejemplo para mi de perseverancia, valentia e integridad, para mis hermanas y para mi. A ella le deseo todas las bendiciones y le agradezco el que nos haya criado en el Señor, a pesar de las circunstancias por las que estábamos pasando.

Le agradezco a Dios por haber rescatado a mi padre del horrible vicio de las drogas, por salvarle su alma y llevarlo a morar a las mansiones celestiales. Solo espero el glorioso momento en que lo vuelva a ver, poder

abrazarlo, besarlo y estar con el, por toda la eternidad, en la presencia de nuestro amado Dios."
Este es el testimonio de mi hija Adamir y de lo que ella vivió en medio de aquella pesadilla en que nos encontrábamos. A continuacion van a leer el testimonio de mi hija Lilliam y de sus experiencias.

"Desde niña supe lo que era sufrir, al pasar por esa etapa de mi vida, tuve que aprender muy rápido, que no todo era color de rosa en mi vida, pero también aprendí, que Dios era mas que suficiente para apoyarme en Él por encima de cualquier dolor, decepción, rechazo y fracaso.

Cuando tenia cuatro años de edad, mi padre comenzó a consumir drogas, pero no fue hasta los siete u ocho años de edad que pude darme cuenta, que el hogar al cual yo pertenecía no era normal. Para mi no fue fácil vivir con un padre adicto, fue muy doloroso y desagradable, por muchas razones, una de ellas era que mi papá muchas veces nos prometía que ya no iba a consumir drogas, que iba a cambiar, que todo sería diferente y en el fondo creo que él quería ser libre de ese infierno en que vivía, de no ser así, el no hubiera ingresado a varios centros cristianos de rehabilitación.

Luego que papi ingresaba y pasaba el tiempo, el creyendo que ya estaba bien salía, volvía a nuestra casa y al pasar el tiempo regresaba a las drogas otra vez. El ver a mi padre recaer me destrozaba por completo y fueron muchas las decepciones que pasé a causa de el. Aunque yo no supe lo que era tener un padre normal, Dios tomó su lugar, Él tomó el lugar de Adam Nater. La palabra en Isaías 63:16 dice: "Pero tú eres nuestro padre, si bien Abraham nos ignora, e Israel no nos conoce; tu, oh Jehova, eres nuestro padre; nuestro redentor es tu nombre". El salmo 27:10 dice: "Aunque tu padre; y tu madre te dejaran, con todo Jehová me recogerá ." Tambien en Jeremias 31:9 nos dice que: "Irán con lloro más con misericordia los haré volver, y los hare andar junto a arroyos de aguas, por caminos derechos, en el cual no tropezarán, porque soy a Israel por padre, y Efrain es mi primogenitor."

Cuando le diagnosticaron a mi padre Hepatitis C mi madre tomó la decision de mudarnos a los Estados Unidos, una nacion completamente diferente para nosotras, cuando llegaba el invierno me daba mucha tristeza y dia tras dia me encerraba en mi cuarto a llorar. Recuerdo que pasé por muchas depreciones y me daba mucho descontento tener que vivir en aquel lugar llamado Southbridge, Ma.

Cursaba el grado décimo de la escuela superior y la enfermedad de mi padre seguia avanzando, y todas nos imaginábamos que el tiempo de su partida se acercaba. Por un lado me sentia feliz de que mi padre finalmente estaba libre de drogas, pero por otro lado me sentia muy triste, de saber que papi no estaria mas con nosotros. Quiero dejar saber a todos de que aunque viví lo que viví con mi papá, siempre lo amé y lo amaré a pesar de todo.

Dios, nos había prometido una victoria, y quiza tu piensas, Que qué clase de victoria es esa? Pues te diré que no hay mayor victoria que estar con Dios. Amen!

Isaias 55:8-9 dice: "Porque mis pensamientos no son vuestros pensamientos, ni vuestros caminos, mis caminos dijo Jehova." Que aprendí durante esos diez años de prueba? Aprendí a cantar en la prueba, a adorar a Dios en la prueba, a confiar en Dios en la prueba y a creerle a Dios. Se que el tiene propositos con todos nosotros y agradezco a Dios su cuidado para con nosotras en todo momento. Tambien le agradezco a Dios la madre que nos dio, una mujer que demostro que el amor va mas alla de lo que nosotros pensamos, por ser una mujer de Dios y una luchadora incansable, gracias mami, porque me enseñaste con tu ejemplo a confiar en Dios en todo momento. Les dejo mi propia experiencia de lo que significa esperar en Dios."

A continuación mi hija Denisse les contará sus vivencias acerca de su padre.

"Desde que yo nací hasta los nueve años de edad mi padre estuvo en las drogas. Pero aun así lo amaba con todo mi corazón. Me alegré mucho cuando nos fuimos a vivir a Massachusetts y Dios libertó a mi padre de ese vicio. Cuando cumplí los once años, la condición física de mi padre, se habia deteriorado mucho por la enfermedad, que ahora estaba destruyendo su organismo.

Recuerdo la noche que mi madre llegó a nuestro hogar del hospital donde estaba recluido. Ella nos reunio a las tres en la sala y nos dijo que la condición de mi padre era crítica y que ella se iba a ir para el hospital a quedarse con el hasta que Dios lo sanara. Esas palabras causaron un impactó tremendo en mí y comencé a llorar. Mi llanto se debia a que en aquel mismo momento supe que mi padre moriría. Pensé que él no me iba a ver crecer, ni casarme, ni tener mis hijos en el futuro y esto fue demasiado para mi. En aquella misma noche lloré por muchas horas, su muerte, de modo que cuando él murió yo no lloré, porque lo que sentí fue una paz interior. Sabia que el estaba en un lugar mejor.

No obstante su ausencia la he sentido muy profundo en mi corazón, como por ejemplo el dia de mi boda, mientras estaba en el altar y escuchaba al pastor hablar, mi pensamiento estaba en mi padre, en lo mucho que me hubiera gustado que el hubiera estado conmigo en el dia mas importante de mi vida. lo mismo sucedió en los momentos en que traía a mis tres hijos al mundo.

Pero me consuela el saber que lo volveré a ver nos reuniremos en el cielo, lo volvere a ver y podre abrazarlo, y decirle lo mucho que lo he amado.

A mi madre le agradezco el haber sido una mujer valiente, luchadora, que nos dió un ejemplo de lo es ser una buena esposa y madre. Una mujer que luchó hasta el final por el alma de mi padre, ella nunca se dió por vencida, hasta alcanzar la victoria que Dios nos habia prometido".

CAPITULO 9

Y Dios cumplió su palabra

"y después que pase la prueba, te bendeciré a ti y a tus hijas"

Al regresar a los Estados Unidos, nos enfrentamos a muchas cosas, cómo les dije antes. Al entrar al apartamento en que vivíamos, todo nos recordaba lo que habíamos vivido, sus ropas sus pertenencias, todo estaba igual. Al otro día mis hijas tuvieron que irse a la escuela nuevamente y al quedarme a solas, me arrodillé para orar. Pero en vez de orar, lo que hacía era llorar, trataba de decirle a Dios cuan adolorida estaba pero no podía. Le decía Señor yo quiero orar, pero no puedo, todo lo que hago es llorar y llorar y así permanecía por mucho tiempo allí tirada en el suelo de la sala. Dentro de mí yo sabía que Dios entendía mí dolor y en esos momentos me dejaba desahogarme así. Solo pedía más fortaleza para no desmoronarme en frente de mis hijas, que ahora más que nunca necesitaban a su madre. Así que en frente de ellas trataba de ser y verme fuerte, pero cuando ellas se marchaban a la escuela me encontraba sola, daba rienda suelta a mi dolor. Pero poco a poco Dios fue consolándome y seguimos hacía adelante. Al transcurrir los meses y con la fortaleza que solo da el señor, comenzaron a suceder cosas agradables en nuestra casa, veíamos la mano de Dios obrando en nosotras maravillosamente. Conseguí un trabajo para sostener a mí familia y las cosas poco a poco volvieron a la normalidad. Pronto tuvimos nuestro primer momento para celebrar y lo fue la graduación de la escuela superior de mi hija mayor Adamir. Juntas nos gozamos de este logro que ella había alcanzado.

Dos años después también asistíamos a la graduación de mi hija Lilly y todas juntas otra vez compartíamos momentos de felicidad. Durante esos primeros años que son los más difíciles para aquellos que han perdido a un ser querido, Dios estaba con nosotras y juntas aprendimos a depender de Dios para todo en la vida. En nuestras vidas se hizo real el Salmo 37:25 que dice: *"Joven fui, y he envejecido, y no he visto a un justo desamparado, ni su descendencia que mendigue pan"*. Dios suplía todas nuestras necesidades por lo cual le agradezco todas sus bendiciones.

Año tras años veíamos la mano de Dios en nuestras vidas y tuvimos muchos momentos de alegría. Uno de ellos fue cuando mi hija mayor Adamir contrajo matrimonio. Al verla vestida de blanco aquel día, significó mucho para mí. Cuando íbamos camino a la iglesia donde yo cómo su madre la entregaría en el altar, no pude menos que pensar en Adam su padre. En lo feliz que se hubiera sentido si hubiera podido ver lo hermosa que estaba.

La boda de Adamir

La boda de Lilliam y Nelson

Años despues tambien, mi otra hija Lilliam, contrajo matrimonio y mientras la ayudaba a vestirse también pensé en su padre. Momentos después, durante la ceremonia, cuando un amigo entonaba un himno para ellos, algunas lágrimas bajaron por sus mejillas, al verla supe al instante en quien estaba pensando en el día de su boda. En aquellos momentos de felicidad su padre ausente se hacia presente en sus pensamientos. Esa misma noche ella me confirmo que yo estaba en lo cierto.

Tuve la bendición de entregar en el altar a mis tres hijas. La última en cruzar ese pasillo lo fue mi hija más pequeña Denisse, hace diez años que contrajo matrimonio con un joven que verdaderamente en oración se lo pedí a Dios para ella.

La boda de Denisse y Jahaziel

He tenido muchos motivos para escribir este libro, pero el mayor de todos es alertar a aquellos hijos, padres y madres que están matándose a si mismos con algún tipo de droga. Decirles de todo lo que se van a perder si siguen ese camino de suicidas. Habrá momentos en la vida de sus hijos que no podrán disfrutar o ver, porque o estaran en la carcel o lamentablemente estarás muerto, porque el camino de las drogas y los vicios conduce a la muerte. La Biblia nos dice: *"Hay caminos que al hombre le parecen rectos, pero su fin es la muerte"*. Pero tengo una buena noticia hay un camino que te puede dar vida, una vida abundante, amigo ese camino es Jesús. Él nos dice: *"Yo soy el camino, Yo soy la verdad y Yo soy la vida"*. Él es el camino que nos conduce la verdadera vida. ¿Como tú puedes saber, si Él esta diciendo la verdad?. Es sencillo permitiéndole a él entrar en tú vida, para que puedas experimentar en tu propia vida, la nueva vida abundante llena de bendiciones que él tiene preparado para ti. Esto no es una novela de ficción o un cuento de camino, esto fue real, lo viví, lo sufrí y como viuda y madre te lo comunico hoy.

He visto a mis hijas crecer necesitando a su padre. Las he visto alcanzar logros, sin poderlos compartir con su padre. Las he visto contraer matrimonio, sin tenerlo a el a su lado, apoyándolas en todas sus metas y logros. Un padre que las entregue en el altar de la iglesia, las he visto convertirse en madres sin poder mostrarles sus hijos a su abuelo. En esta familia y en nuestro retrato familiar siempre habrá ese espació vació. Ese lugar vació siempre estará ahí en nuestras celebraciones, en nuestras reuniones familiares, en los cumpleaños, en las navidades y en muchas cosas más. Porque no quiero que te pase a ti es porque escribo este libro. Todavía hay esperanza para ti. Todavía Dios te esta llamando. El te ama tal cual eres. Si vienes a Él y le permites realizar en ti, el mayor milagro dado al ser humano, el cual es el perdón de los pecados y la salvación de tu alma, entonces serás feliz y disfrutarás de todas las cosas bellas que Dios tiene para ti.

Si por el contrario eres un adicto o alcohólico rehabilitado, al cual Dios ha lavado con su sangre preciosa, no te detengas, sigue hacía adelante, mantén una vida de oración y no le permitas al enemigo ganar ventaja sobre ti. Recuerda que estamos en guerra, todo cristiano verdadero esta en guerra contra el enemigo. Cada mañana hay una nueva estrategia del enemigo para destruirte para destruir a tu familia. Solo permanecerán aquellos que mantengan una vida abundante de oración y búsqueda de Dios. Debes recordar que aunque nuestro enemigo es un enemigo derrotado debes mantenerte en pie de lucha, no puedes bajar la guardia, no debes abandonar tus armas en el campo de batalla, Dios te ha salvado te ha dado la libertad del enemigo pero te toca a ti mantener esa liberación. Ser un guerrero que no se amedrenta en frente del enemigo. Aquí hay mucho en juego, es tu vida y la vida de tu familia. Un adicto a drogas que ha estado limpio por mucho tiempo no puede darse el lujo de tener un desliz porque solo eso bastará para darle derecho al diablo a que te ate nuevamente y así destruir todo lo bueno que haz logrado, todo lo bueno que Dios en su misericordia te ha otorgado. No solo tú sufrirás con esa caída, sino que las personas que te aman sufrirán también. Le darás permiso al enemigo a atacar a toda tu familia. Cómo sacerdote de tu hogar no puedes permitir que eso pase. Que por un rato de un placer producido por uso de las drogas, se levante el diablo como rió contra toda tu casa, e inocentes tengan que pagar toda su vida por tu mal paso. Yo te aconsejo depositar toda tu confianza en aquel te redimió y te sacó del lodo de las drogas o del alcoholismo o de la prostitusión o de cualquier pecado en que hallas estado mantén tu mirada fija en el Señor, no escuches las mentiras del diablo, cuando viene a tu oído y te dice: Hombre date un pasecito o un traguito, no te hará daño El es un mentiroso, el no te dice que hay detrás de ese pasecito que después de eso tendrás una vida llena de amargura y que lo perderás todo. Así engaño a mi esposo. Él no le dijo que perdería su negocio, que dañaría su salud, que nos haría sufrir a sus hijas y a mí y que al final moriría joven sin disfrutar las cosas bellas de la vida. Nunca le dijo que no conocería a sus hermosos nietos y que cada vez que ellos vieran una fotografía de él, yo les tendría que explicar a ellos de esta manera. Miren este fue su abuelo ahora esta en el cielo. Y después de esto, cada vez que mi nietecita Nelly ve su foto dice: señalando con su dedito hacía arriba ¡Abuelito! Esta en el cielo! Siendo aun pequeña ella siente la ausencia de su abuelito, pero de una cosa esta bien segura y es que su abuelito esta en el cielo, y ella sabe que algun dia lo conocera. El diablo atravéz del pecado le roba al hombre todas las cosas hermosas que Dios en su bondad quiere darles, Dios quiere que tú seas todo un hombre que lucha por su familia que sea un verdadero sacerdote del hogar, que provea para su familia y que con su comportamiento sea un ejemplo para sus hijos y nietos, no les prives de tú amorosa compañía, ellos te van a necesitar y algún día ellos se sentirán orgullosos de tu dedicación y amoroso cuidado. Podrás vencer toda tentación que se ponga en frente de ti, si le eres fiel al Señor el te librará y recompensará tu fidelidad a Él.

CAPITULO 10

Una nueva generación ha llegado

"Porque te extenderás a la mano derecha y a la mano izquierda;
y tu descendencia heredará naciones"

Isaías 54:3

En este capitulo quiero compartir contigo algunas de las bendiciones que Dios me ha dado. En el momento en que decidimos servirle a Él y dejar atrás nuestras vidas pasadas y le permitimos que él tome el control de nuestras vidas vemos la guianza de su Santo Espiritu cada dia despues que mi esposo murio como dije anteriormente deje que el Señor guiara mi vida, cómo él en realidad quería. Me entregue de lleno a Dios y a mi familia, tratando de supercar todo aquello por lo que habiamos pasado y agradeciendole a Dios lo bueno que habia sido con nosotras.

Sobre todo estoy muy agradecida a Dios por la bendición de mis yernos en mi vida. Han venido a ser ellos para mi como verdaderos hijos. Y mis hijas han sido bendecidas con hombres de Dios. Ellos son los yernos que toda suegra desea para sus hijas y bendigo el momento en que ellas los conocieron.

Mi hija mayor Adamir y mis nietos Adam y Leslie.

Mi hija Lilliam, su esposo Nelson y mis nietas Nelliam y Linell.

Mi hija Denisse, mi yerno Jahaziel, mis nietos Jahred, Jahlyn y Jahda (2011)

Con mi hija menor, Denisse Raquel (2011)

He sido bendecida con siete hermosos nietos. Sus nombres son: Leslie Adamir, Adam Manuel, Nelliam, Jahred Jahaziel, Jahlyn Janelle, Linell Grace y Jahda Jolie. Ellos son mi alegría y Dios me concede una nueva oportunidad para enseñarles a ellos a ser guerreros victoriosos en esta batalla, llamada vida. Siempre cuando hablamos con ellos les decimos que ellos van a ser hombres y mujeres de Dios.

Les profetizamos que ellos serán Profetas, Pastores y Ministros de Dios. Es importante que cada padre haga esto porque así creará conciencia en sus hijos que ellos nacieron para servir al Señor.

Otra bendición en venir a nuestras vidas fue la primera grabación de mi hija Lilliam: *"Conquistando por la fe"*, que ya salió al mercado,

siendo todo un gran éxito para gloria de Dios. Hemos atravesado grandes batallas y hemos vencido no por nuestras propias fuerzas, sino por las fuerzas que el Señor nos ha dado. Sólo porque un día decidimos creerle a Dios y esperar en sus promesas. Él siempre cumple lo que promete y también te cumplirá a ti, solo tienes que creer. Dios está buscando hombres y mujeres que le crean a Él. Que por la fe puedan vencer y alcanzar la victoria. Llamando a las cosas cómo si fueran y mirando al invisible. Solo imagínate por un momento, que hubiera pasado, si yo me hubiera cansado de esperar en él. Si yo hubiera dado rienda suelta a la amargura y hubiera dejado de confiar en Dios. Si yo hubiera abandonado a mi esposo y me hubiera divorciado. Solo para empezar te diré que Satanás hubiera ganado esta batalla. Tal vez el alma de mi esposo se hubiera perdido. Mis hijas no se hubieran criado en el Señor y hoy estuvieran perdidas, y este libro no estaría en tus manos. Gracias a la fortaleza del señor y a que nos mantuvimos firmes en el día de la prueba hoy puedo cosechar todos esos frutos de la fidelidad a Dios. Así que querido hermano y hermana, sigue firme en el Señor, sabiendo que nuestro galardón está cerca, no dando ventaja al enemigo. Cada vez que un soldado de Jesucristo decide ponerse la armadura de Jesucristo y enfrentar al enemigo. Cada vez que decide pelear en lugar de huir, el infierno tiembla. Porque sabe que tal individuo no esta solo. Sabe que al venir contra él, estaría peleando con todo el ejército celestial. Y cómo ya sabes, el enemigo es un enemigo derrotado. Cristo lo venció en la cruz, todas sus oportunidades de ganar están agotadas. No tiene ni una remota posibilidad de ganar. Si tú te mantienes firme en el Señor, agradando a aquél que te llamó por soldado, veras la victoria y celebraras con los tuyos esa victoria, no te puedo decir que será fácil, habrá momentos de desolación de sufrimientos pero a la larga verás la mano de Dios, dispersando al enemigo, sus ángeles guerreros vendrán en tú ayuda y saldrás airoso de esa batalla. Yo no sé cual sea tú batalla ahora, puedes ser con tú esposa o esposo o tus hijos, pero fiel es el que te llamó y no dejará en vergüenza a los que en el confían yo no hablo por experiencia de otros yo hablo por experiencia propia yo soy una fiel testigo del cumplimiento de sus promesas y si él lo pudo hacer conmigo también lo puede hacer contigo. Él no ha cambiado no se ha mudado él es el mismo ayer, hoy y por los siglos.

Hacen veinte años de esa gran victoria que el Señor me dió y todavía la estamos celebrando, todavía la sigo predicando y mientras me quede vida seguiré anunciándola. Y algún día cuando el Señor me llame a su presencia, mis hijas y nietos se encargarán de seguirla predicando. Esta familia nunca dejará de hablar a otros, las maravillas del Señor a favor de los que le buscan. Yo creo firmemente lo que dice Isaías 54:4 *"No temas, pues no será confundida; y no te avergüences, porque no serás afrentada, sino que te olvidarás de la vergüenza de tu juventud, y de la afrenta de tu viudez no tendrás mas memoria"*.

Así que hermano y amigo no tengas temor en tomar las armas contra el enemigo, lucha por sacarle de las garras a todos tus familiares si tú te mantienes firme, Dios escuchará tu oración y salvará toda tu descendencia. Isaías 54:13 dice: *"y todos tus hijos serán enseñadas por Jehová; y se multiplicará la paz de tus hijos"*. No tengas miedo, levántate contra el enemigo la salvación de tu casa depende de ti. Cada persona que lea este libro se le hará responsable por las vidas que no alcanzó. O que simplemente no hizo nada para hablarles de Cristo sean o no sean familia. Dios te ha llamado a ponerte en la brecha, por los pecadores, si no lo hacemos Dios demandara de nosotros su sangre. Quizás tú digas, pero si yo me pongo en la brecha por alguien, el diablo entonces me atacará a mí, quizás si yo no me meto con él, él no se meterá conmigo. Pues déjame decirte que él se meterá contigo cómo quiera porque para eso él vino. El vino a matar a robar y a destruir. Ese es su trabajo y si no lo hace estaría perdiendo el tiempo. Si yo hubiera pensado así mi esposo se hubiera perdido. Hay gente que necesitan de ti. Que necesitan tu oración que necesitan que alguien clame a Dios por ellos y que sean salvas, no tengas miedo, toma la armadura de Dios y comienza a arrebatarles las almas al diablo. La palabra de Dios dice en Jeremías 1:19 *"y pelearan contra ti, pero no te vencerán; porque yo estoy contigo dice Jehová, para librarte"*.

Sabes lo mejor aún está por venir si tu piensas que no podrás lograrlo, déjame decirte que Dios aún no ha terminado con nosotros. Recuerda que él dice en su palabra que quien comenzó la obra, la terminará en nosotros. Esta en ti, en convertirte en un guerrero valiente, para la batalla, para ser un triunfador. No le permitas al enemigo amedrentarte. Nosotros pertenecemos al equipo ganador cuyo capitán es Jesucristo. Así que anímate, levántate y ve al campo de batalla. La victoria espera por ti las armas que Dios nos ha dado son poderosas en batalla. La oración, la lectura de la palabra y el ayuno, atraviesan el mundo espiritual y destruyen las fortalezas del enemigo. Recuerdo cuando mi hija mayor Adamir tenía doce años y se levantaba por la mañana y me decía Mami hoy no me des comida, porque hoy yo voy a estar en ayuno. Yo le preguntaba ¿Por qué tú vas a estar ayunando?. Ella me contestaba, voy a ayunar por la salvación de Papi. A esa temprana edad, ella ya conocía la importancia del ayuno y lo poderoso que era emplear esa arma en una batalla espiritual. Esas oraciones, nos dieron una victoria poderosa y el enemigo una vez más fue derrotado en esa guerra. Dios nos dio la victoria, cómo te la dará a ti también, confía en Jehová y no desmayes. Quédate firme como un buen soldado de Jesucristo. No le cedas terreno a Satanás, avanza y conquista, su territorio. Exígele que te devuelva todo lo que te ha robado. En el nombre de Jesús, tú serás más que vencedor, levántate y celebra tu victoria. Canta esta canción que Dios le dio a mi hija Lilliam un día de este año a las tres de la madrugada, que dice:

Yo entraré, yo pelearé y tomaré lo que es mío. Levántate a pelear este es el año de tomar las armas y declarar que te levantaras y tomarás lo que es tuyo. Tomaré posesión tomaré posesión. En el nombre de Jesús, tomaré posesión de lo que es mío".

CAPITULO 11

Rompiendo el contrato con el diablo

"El que venciere heredará todas las cosas; y yo seré su Dios, y él será mi hijo"

Apoc. 21:7

Pensé que el capitulo 10, sería el último. Y cuando creía que ya todo el libro, había sido escrito, Dios hablo a mi corazón y me dijo: *"Aún no has escrito el último capitulo, debes escribir sobre las puertas abiertas y sobre maldiciones que aún no han sido rotas"*. En la segunda epístola a los Corintios 10:3-5 nos dice:*" Pues aunque andamos, en la carne no militamos según la carne; porque las armas de nuestra milicia no son carnales, sino poderosas en Dios para la destrucción de fortalezas, derribando argumentos y toda altivez que se levanta contra el conocimiento de Dios y llevando cautivo todo pensamiento a la obediencia a Cristo"*. Por años se nos ha enseñado que cuando nos convertimos a Cristo no tenemos que hacer nada más y que todas las cosas están arregladas y citan el texto: *"De modo que si alguno está en Cristo nueva criatura es. Todas las cosas viejas pasaron y he aquí todas son hechas nuevas"*. Esto se refiere a la salvación, cuando aceptamos a Cristo somos lavados con la sangre de Cristo y somos en realidad nueva criatura. Pero en lo que se refiere a la batalla espiritual, en lo que se refiere a las maldiciones sin romper, en lo que se refiere a las puertas abiertas generacionales, es otra cosa. Algunos cristianos creen que no tienen que darle importancia, ni preocuparse por eso. Dan por sentado que Dios tomará todo control sobre eso y que nada podemos hacer al respecto. Pero Dios nos enseño que él nos ha dado autoridad sobre satanás y su ejército. Lucas 10:19 nos dice: *"He aquí os doy potestad de hollar serpientes y escorpiones, y sobre toda fuerza del enemigo, y nada os dañará".* Aquí queda establecido que tenemos autoridad, para quebrantar toda maldición que halla abierto puertas a Satanás y le halla dado el derecho para atacarnos.

Vamos a tomar cómo ejemplo a una persona que haya venido del ocultismo o haya sido servidor de Satanás en la hechicería. Al convertirse Cristo lo limpia de sus pecados y le da la salvación, pero a este creyente le toca la tarea de romper con todo contrato que haya tenido con Satanás en su antigua vida, alejado de Dios y de su Cristo. Por medio de una oración especifica cancela y le quita al diablo todo derecho legal a maldecir su vida. En otras palabras, una vez que una persona dedicada a satanás, se convierte a Cristo y lo acepta como su Señor y salvador es aquí donde comienza la guerra. Los espíritus malignos se dan cuenta que esa persona se ha cambiado de ejército; activan una maldición de destrucción en contra de esa persona. Es decir su filosofía es así *"Si no puedes ser mío, tampoco serás de Dios".*

Esto también es así cuando procedemos de una familia en que los abuelos y padres han estado en la brujería por generaciones. Cuando tales personas vienen al Señor, ellas tienen que cerrarle la puerta al enemigo y ponerle fin a esa maldición. Muchos de los abuelos y padres servidores de Satanás le han dedicado sus descendencias al servicio del diablo. Así que Satanás tiene todo derecho legal y la autoridad para ordenar un ataque masivo contra esa persona. Si pensabas que solo los fieles cristianos dedican sus hijos al Señor frente al altar en sus templos. Yo tengo noticias para ti, Satanás también tiene su gente que le dedican sus hijos en ceremonias y rituales satánicos. Pero también tengo otra noticia para ti, Cristo vino a deshacer las obras del diablo y a romper toda maldición.

Si has venido al Señor del espiritismo de la brujería, santería, alcoholismo, homosexualismo o adicción a las drogas, tienes que tomar la autoridad que te da Dios y cerrarle al diablo la puerta en sus narices. Lamentablemente este concepto no era tan enseñado antes como lo es ahora, por lo tanto mi esposo vino al Señor, pero nunca hizo la oración de renunciación a esta actividad y por consiguiente el diablo tuvo derecho legal a introducirlo otra vez en el vicio de las drogas. Tal vez muchos no están de acuerdo conmigo en esto. Respeto ese derecho, pero eso no le restará veracidad a este concepto, ni evitará que la verdad nos haga libre.

Muchas personas han pertenecido a sectas tales como la Nueva era, Ciencia Cristiana, Masones o practican la parasicología tales personas tienen que renunciar a eso y cerrarle la puerta al diablo. Si alguna vez has sido hipnotizado o has practicado el auto hipnosis, necesitas liberación. Porque una persona hipnotizada pierde todo control de sí misma y es blanco fácil para la entrada de demonios en su cuerpo. Si alguna vez has jugado con la tabla Guija que abiertamente la venden en las jugueterías de nuestro país, porque la consideran un juego infantil, en la que se puede pasar un buen rato; pues déjame decirte que la tabla Guija es un instrumento satánico por la cual las personas consultan a los espíritus y se comunican con ellos, tomando control sobre aquellos que se exponen a ese juego. Si has consultado las cartas del Tarot, si has hecho maldiciones o conjuros satánicos, si te han leído las manos o te han adivinado tu suerte y la fortuna. Si has consultado la astrología o al horóscopo. Si has practicado la clarividencia. Si has hecho pacto de sangre, si has consultado a un médium o brujo. Si has tenido alguna proyección astral.

Si has practicado alguna de las cosas arriba mencionadas, tú necesitas liberación, necesitas hacer la oración de renunciación a este pecado y cerrar la puerta al diablo, quitándole todo derecho legal. Es lamentable decir esto pero en E.U. hay una cantidad exorbitante de personas que creen en la astrología y creen que las estrellas gobiernan sus vidas. Las encuestan dicen, que ocho de cada diez americanos saben cual es su signo zodiacal. ¿No te parece que antes de pregúntale a las estrellas por tu futuro, es mejor pregúntale aquel que hizo las estrellas?. Tambien hay una cantidad de brujos y personas que practican el espiritismo y que consultan a los muertos en muchos estados de los Estados Unidos. Por eso los Estados Unidos de Norte America, esta enfermo de muerte, porque se han ido a consultar al diablo antes que a Dios. *"Porque me han dejado a mí dice el Señor y se han ido a cavar pozos secos y cisternas vacías y rotas"*. Nosotros cómo cristianos debemos levantarnos y hacer guerra espiritual contra el enemigo debemos comenzar a cerrar puertas. Porque nuestro país nuestra nación está enferma la enfermedad de depresión es un ataque del diablo a esta nación.

Tenemos en nuestra nación una epidemia de alcoholismo y adicción a drogas que le causa la muerte a millones de personas cada año. Por eso pastor, cuando un adicto a las drogas o al alcohol se convierte en tu iglesia, dale conserjería en cuanto a cerrar y renunciar todo pacto satánico que trajo esa adicción esto es algo serio. Es bueno que sepas de una vez y por todas de que estamos en guerra, y esta guerra es más terrible que ninguna otra guerra que hayamos librado. En esta guerra, no tan solo estamos perdiendo vidas sino que también estamos perdiendo almas y esta son las perdidas o las bajas más terribles que tenemos.

Si todos los Concilios de las iglesias Cristianas en nuestra nación hicieran un censo de los adictos que se convierten al Señor y que en las iglesias no existe un equipo de conserjería que se dedique a enseñarles a ese adicto convertido como renunciar al demonio de las drogas que lo ató y enséñales a cerrarle la puerta al diablo, para que nunca más vuelva al vicio de las drogas. Se darían cuenta que en algo están fallando. Deberían examinar el método antiguo de consejería, estarían más concientes de enseñar a estos convertidos a que se vuelvan unos verdaderos guerreros espirituales, para que Satanás no tome ventaja sobre ellos. Recuerda, que a una guerra no se envían soldados enfermos, incapacitados o inválidos. Se envían sodados aptos para pelear y ganar esa Guerra, no ha perderla o en el peor de los casos a morir en ella. Santiago 4:7 nos dice: *"Someteos pues a Dios resistid al diablo y de vosotros huirá"* Quiza *algunas personas no esten de acuerdo conmigo en cuanto a esto, pero eso no le restara importancia a lo que esto significo en mi vida.* Yo tuve que pagar las consecuencias de no haberle enseñado este concepto a mi esposo. Por tal motivo a los siete años de casada él volvió a las drogas y con ello destruyó todas mis ilusiones de tener un esposo y un hogar cristiano feliz. Les privo a mis hijas de contar con un padre en momentos difíciles, y les privo a mis nietos de llamarles abuelo. Por favor pastores, líderes de hogares de rehabilitación de alcohólicos y adictos, enséñeles a esos jóvenes que están ahí a renunciar al pecado de adicción. Enséñeles a quitarle todo derecho legal que tenga el diablo contra ellos. Prepárenlos para enfrentarse al enemigo en esta guerra espiritual todos los días ordenándoles a las huestes satánicas a retroceder en el nombre de Jesús. Enséñeles a que hagan esta oración de todo corazón y con fe. Todas las personas que han estado en una o más actividades descritas en este capitulo haga esta oración.

Amado Padre Celestial:

¡Confieso estos pecados delante de Ti. Confieso los pecados de mis antepasados y me aparto de todas las iniquidades de mis antepasados. Renuncio a toda dedicación colocada sobre mí vida al servicio de Satanás. Renuncio a toda influencia satánica en mi vida. Renuncio a todo abuso de drogas y mal uso de sustancias químicas y ahora como creyente al servicio de Jesucristo, le ordeno a todos los espíritus malignos a que huyan de mi vida en el nombre de Jesús. Tomo autoridad sobre toda maldición de destrucción que le dio derecho al diablo a través de mí pecado. He decidido por propia voluntad a servir a Jesucristo, así que todo contrato con Satanás queda disuelto ahora y te ruego Padre que me llenes de tu Espíritu Santo. Para vivir mi vida cristiana en victoria. En el nombre de mi querido salvador Jesucristo Amen! Después de hacer esta oración comience a alabar a Dios por su salvación y comience a hablar a otros de su transformación. Y a enseñarles a otros como pueden ser libres ellos también. Yo te deseo una vida abundante y victoriosa en el Señor.

"Entonces oi una gran voz en el cielo, que decía: ahora ha venido la salvación, el poder, y el reino de nuestro Dios, y la autoridad de su Cristo; Porque ha sido lanzado fuera el acusador de nuestros hermanos, el que los acusaba delante de nuestro Dios día y noche".

Apoc. 12:10

Le oro a Dios y declaro que toda persona que lea este libro, sea libertado del poder del enemigo, de cualquier atadura, declaro liberacion y bendicion a su vida en el nombre de nuestro amado Jesus, Amen!

"Porque como a mujer abandonada y triste de espíritu te llamó Jehová, y cómo a la esposa de la juventud que es repudiada, dijo el Dios tuyo. Por un breve momento te abandoné, pero te recogeré con grandes misericordia"

Isaías 54:6-7

Biografia: Myriam Fonseca, nacio en Puerto Rico, paso toda su niñez asistiendo a la iglesia con sus padres en su ciudad natal Bayamon. En el 1989 se mudo con su esposo Adam Nater y sus tres hijas Adamir, Lilliam y Denisse al Estado de Massachusetts, E.U. donde vivio por diecinueve años. Actualmente vive en el Estado de Maryland. Es miembro de la iglesia de las Asambleas de Dios.